労働者代表制
の仕組みとねらい

職場を変える切り札はこれだ!

はじめに

　耳慣れない言葉かと思いますが、「労働者代表制」は、かなり昔から議論されていました。いま私がこのタイミングで労働者代表制を取り上げたのは、「いろいろな議論があるにせよ、この制度をつくり・活用することが、日本の職場環境を変えていくためにどうしても必要である」と思ったからです。

　労働組合のない職場で、働く者と会社との取り決めである「労使協定」を結ぶためには、労働者の代表を選ばなければなりません。その選出方法については、「過半数代表者」として労働基準法に定められています。しかし、具体的にどう選ぶのか、選ばれた人はどのようにして従業員の意見を集約するのか、会社との交渉はどのように行うのかなどについては決められていません。そこで労働者代表制の出番となるのですが、それならば労働者代表制と労働組合はどう違うのか、労働組合があれば労働者代表制はいらないのか。また、過半数代表と労働者代表はどう違うのか。さらに、従業員代表といういい方もあり、同じような言葉がいろいろあって「よくわからない」というのが現実だと思います。

　なぜ労働者代表制がこれからの日本の職場に必要なのかを、これまでの論議経過や制度そのものの歴史的な経過、あるいは労働法学的な論点を踏まえて、明らかにしていきたいと思います。

　本書は、入門書として労働組合のない職場で働く皆さん、労働組合のある職場であれば、執行委員や三役などの組合幹部ではなく、現場の第一線で活躍されている組合員の皆さんに読んでいただきたいと思っています。そのために第1部をＱ＆Ａ形式にし、第2部を専門家による座談会にして少しでも読みやすくしてみました。

第1部のQ&Aでは、8つの質問に答える形にしました。

最初のQ&Aは労働組合のない職場の実態です。組合本部に寄せられた労働相談の電話をもとに、運輸産業の現場実態を紹介しました。第2のQ&Aでは、労働組合のない職場の実態をご理解いただいた上で、それならば、そもそも労働組合というのはどういう組織・団体なのかということについて、原点に立ち返って解説しました。3つめのQ&Aでは、それを受けて、それでは労働組合のない会社ではどのように職場のルールが決まっていくのかを、現行の法制度である「過半数代表者」を中心に説明しています。ただし、「過半数代表者」は、その選出方法など制度的な不備が多すぎるにもかかわらず、法令によって設定された法定基準の解除項目が、飛躍的に増えています。このままでは機能不全に陥ってしまう可能性もあることから、第4のQ&Aで、本書の核心部分ともいうべき「労働者代表制」そのものについて、連合の法案要綱骨子（案）を中心に説明を試みました。さらに、5つめのQ&Aでは、時間軸と空間軸ということで、戦前の労働者代表組織について概観するとともに、諸外国の労働者代表組織について、労働組合との棲み分けができているドイツ、フランスと、従業員組織に企業が関与することを極度に嫌うアメリカ。そして、日本法と関係の深い労働法制を持つ、お隣り韓国の労働者代表組織を取り上げました。

そして、残り3つのQ&Aでは、それまでの質疑を踏まえ、労働者代表制に対する私の「思い」を率直にぶつけた内容となっています。

どのQ&Aから読んでいただいてもいいように、それぞれに関連はありますが、Q&Aごとに完結した書きぶりにしてあります。そのため通しで読まれる場合、各Q&Aで重複した表現もありますがご容赦いただきたいと思います。

第2部の座談会では、東京大学大学院教授の荒木尚志先生と中小企業家同友会全国協議会の平田美穂事務局長との鼎談を収録させていただきました。産別役員がはじめて出す本に、労働法学会の権威である荒木先生や経営者団体の要職にある平田さんがこの鼎談をお引き受けくださったことに心より厚く感謝・御礼を申し上げます。荒木先生

からは労働法学の見地から深いご教示をいただき、平田事務局長から
は、経営者の視点から労働者代表制がより良いものとなるようなご示
唆をいただきました。また、Q&Aではいい足りなかった部分や、よ
り掘り下げた議論をこの座談会で展開することができ、労働者代表制
をご理解いただく上で、きわめて有益な内容になったと思っています。
お二人に重ねて御礼を申し上げます。

　最後になりますが、連合本部の村上陽子総合労働局長には、本書の
出版にご理解をいただくとともに、「労働者代表法案要綱骨子（案）」
をはじめとする連合資料の取り扱いにご快諾を賜り、心より感謝申し
上げます。

　本書の出版にあたっては、プランの段階からエイデル研究所の清水
皓毅さんにお力添えをいただき、出版部の兒島博文さんのご協力を得
て刊行の運びとなりました。お二人との出会いがなければ本書が日の
目を見ることはなかったと思います。あらためて感謝申し上げます。

　いずれにしても、本書が労働者代表制の議論に一石を投じ、法制化
への機縁となり、そのことを通して、日本の職場風土を変革していく
ための出発点となることを心から願っています。

2017年3月

小畑　明

目次

はじめに ……………………………………………………………… 2

第1部 労働者代表制の機能と役割

Q1 労働組合のない職場の実態は? ………………………… 8

Q2 労働組合ってどんな組織? ……………………………… 17

Q3 労働組合のないところは、
どうやって職場のルールを決めるの? ……………… 23

Q4 労働者代表制ってどんな制度なの? ………………… 30

Q5 昔はなかったの? 外国にはあるの? ……………… 52

Q6 労働者代表制はどんなことをするの? ……………… 63

Q7 これはいい制度なの? デメリットはないの? ……… 69

Q8 この制度が導入されると、会社はどう変わるの? … 77

第2部 座談会
労働者代表制導入で労使関係はどう変わるか

労働者代表制導入で労使関係はどう変わるか ……………… 90

運輸労連の組織的特徴 ……………………………………… 91

「経営者の責任」と「対等な労使関係」をモットーに ……… 92

労働者代表制がなぜ注目されるのか ……………………… 95

過半数代表と労使委員会 …………………………………… 98

過半数代表制の問題点は少なくない ……………………… 99

ドイツとアメリカの労働組合の特徴 …………………… 101

現場の声をとり入れた経営指針づくり ……………… 105

労働者代表制のメリットとデメリット ……………… 107

経営者として配慮しておくべきこと ………………… 109

労働組合不要論になるのでは？ ……………………… 110

労働者代表制から労働組合への移行 ………………… 112

"正社員クラブ"からの脱皮へ ……………………… 115

労働者代表制が導入されるとなれば ………………… 117

小規模企業での導入はどうなるか …………………… 119

情報提供義務について ………………………………… 122

労働者代表制導入で労使関係はどうなるか ………… 124

配慮してほしい3つの点 ……………………………… 126

第3部 資料編

労働者代表法案要綱骨子（案）……………………… 130

従業員過半数代表の役割規定法律の現状 …………… 139

「過半数代表制」の適切な運用に向けた
制度整備等に関する連合の考え方（案）…………… 142

様々な雇用形態にある者を含む
労働者全体の意見集約のための
集団的労使関係法制に関する研究会報告書（抄）……… 152

第1部

労働者代表制の
機能と役割

Q1

労働組合のない職場の
実態は?

労働組合のない職場の方が数は圧倒的に
多いと思うのですが、労働組合の
ある・なしで、職場の実態って
違うものなのですか。

A1

　これについては、事例をご紹介するのが一番わかりやすいと思います。

　運輸産業の場合、1990年の規制緩和以降に事業者の数が4万社から6万社へ1.5倍に増えています。しかしこの間に、国内貨物総輸送量は3割減っていることから、過当競争が繰り広げられ、そのしわ寄せが労働の現場に表れているというのが特長です。

　これから、いくつかの事例を紹介しますが、やむにやまれず労働組合に相談の電話をされたケースですので、この事例が運輸産業における、労働組合のない職場の一般的な姿というわけではなく、多くの職場では、円満な労使関係の中で日常業務を行っていることと思います。ただ、労働組合のない運輸職場を直接経験していない私にとって、それを垣間見る機会は労働相談しかないことから、組合のない職場の例として取り上げました。

最初に紹介するのは賃金や賃金体系の問題です。

● ● ●

　うちの会社は、休みが多くて給料が少ない。1か月のうち12〜13日しか稼働がなく、給料は手取りで4万円です。同僚に、トレーラーから転落してケガをした人がいて、現在、労災で会社を休んで通院しています。彼が会社に「ケガが治ったら職場復帰する」といったところ、会社から「よその会社で仕事をしなさい」といわれたそうです。

　給料は完全歩合制で、売上の20％がドライバーの給料になります。それとは別に「運行費」が1万円支給されるのですが、その中から有料道路や高速道路の料金を支払うので、実際は1万円では足りず、不足分はドライバーの自己負担です。また、トラックの整備を、会社は運転手にさせていますが、理由は、整備工場に委託する費用を節約するためです。しかし、ドライバーが整備にあたった分の仕事がまったく給料に反映されていません。売上の20％が給料と決められているので、整備をしても売上にはならないからです。

● ● ●

　勤続10年のドライバーです。先週末に社員が集められ、「今月の給料から一律3万円をカットするので協力してくれ」という話が会社からありました。

　当社は、10年ほど前から売上制の給料になっています。4トン車は売上の40％、2トン車は45％という大雑把なものです。他に固定的な給与項目はなく、これが自分の取り分のすべてです。

　売上制をとっているにもかかわらず、給料をカットすることに納得できません。社員は40人いるので、会社は社員の給料を減らして毎月120万円浮かそうとしているとしか思えません。社長は高級車を乗り回しています。

　労働時間の管理はやっています。アルコールチェッカーを使っているのでその時に記録しているし、デジタルタコメーターからパソコンで各人ごとに管理します。有給休暇も慶弔休暇も、就業規則上は書いてありますが、誰も使ったことがないし、休暇を使った場合の賃金は、いくらになるのかを会社に聞いても答えが返ってきません。事故を起こしたときの費用は自分持ちで

す。10万円が免責なので、その金額までは全額払わされます。

●●●●

　勤続4年のドライバーです。毎日、朝6時半から夜中の1時過ぎまで仕事しています。給料がドンブリ勘定で、深夜・残業の手当がついていないので会社にいうと「その分は歩合給に入っている」という返事。しかし、給料明細書ではそれが一切わかりません。

　現在、会社に労働基準監督署が入っていて○月○日まで是正報告しなさいという書類が部長の机に置いてあって、ドライバーが皆それを見ています。辞めていくドライバーが多く、最近も一度に4人辞めて仕事が回らず大騒ぎになっています。ひどい人は朝4時から深夜2時、3時まで働き、車の中で2、3時間仮眠してまた仕事についています。給料は33万円。2トン車の運転手は21万円です。

　知り合いの紹介でこの会社に入りました。事務職で入社したのに、初日から「人がいないので運転手をやってくれ。8時半からの勤務で、17時半にはあがれるから」といわれ、実際やってみると17時半であがれるどころか、15時過ぎから長距離を走らされることもあります。よく4年も続いたと思います。子供の運動会で休もうとしても「たかが運動会だろう」と休ませてくれません。

●●●●

　勤めて4か月になります。3か月間は見習い期間で、今月から正社員になりました。大型車が数台、4トン車が2〜3台で、大きな会社ではありません。

　1日の勤務時間が16時間を超えないと、手当がつきません。手当というのは残業手当のことで、16時間を超えてはじめて1日3000円が「運行手当」という名目でつきます。だから8時間を超えても、16時間を超えない限り残業手当はつかないようになっています。

　大体平均して1日16時間を超えて仕事をしていますが、この16時間には客先での待機時間は含まれていないので、16時間といっても実質18〜19時間になります。体が疲れてどうしようもない状態です。

　1か月23日だての計算ですが、その月の出勤が23日以下だと、給料から賃金が差し引かれます。

社長と会ったことはありません。通常の業務指示は部長から受けています。労働時間の管理は日報だけで、タイムカードは使っていません。

●●●●

勤続18年の運転手です。平成18年にハンコをついて個人事業主になりました。給料は月2回あって、1つは給料、もう1つは委託料。これをやらないと「会社が存続できない」といわれハンコを押しました。ハンコは会社が三文判を用意して会社が押して、ハンコそのものも会社が持っています。

給料の総額は手取りで約29万円。平成18年当時よりも減りました。今週、社長に呼ばれ「給料部分の50％カット」を要請されました。

労働局にも相談しましたが、給料明細に労働日数、時間の記載がないと指摘されました。有給休暇もありません。ただ、有給を申請すると1日5000円の扱いにはなるようです。

社会保険事務所に行ったら「おかしい。社会保険料を全額再請求するかも」といわれました。もしそうなったら、自分も負担するようになるのでしょうか。

給料を50％カットされたら、家のローンを払った後には何も残らなくなってしまいます。あと5年で年金がでる年齢になりますが、今まで毎月引かれていた社会保険料を、会社がちゃんと払っているかどうか、社会保険事務所で聞いてみるとどうも怪しいような返事でした。会社は不安定だし、仕事していても面白くない。確定申告のために領収書を集めるのも面倒だし、他の会社を探したいと思う。

次に取り上げるのが、
事故を起こした場合の賠償についてです。

●●●●

うちの会社では、事故を起こすと運転手が全額自己負担しています。実は事故を起こしてしまい、トラックが廃車になりました。会社からは、90万円請求されています。最初に10万円払って、残りは毎月5万円ずつ払うことに

なったのですが、本当に払わなければいけないのでしょうか。修理代ならわかるのですが、廃車しているのに修理代はおかしいし、そもそも廃車寸前のトラックでした。

数年前に4トン車の女性ドライバーが事故を起こし、トラックを廃車にしたのですが、彼女は200万円請求されて、分割でまだ払い続けています。

会社規模は、事務職を入れると120〜130人くらいです。給料は、固定給なしで走った分だけが収入です。走る方面別に金額が決まっていて、一運行いくらの合計が給料総額になります。労働時間の管理は全くやっていません。客先での待機時間は、全部休憩時間扱いになり給料の対象になっていません。車載のデジタルタコメーターから、アイドリング時間が集計されて、1時間当たり300円が給料からカットされています。「アイドリングはトラックが停止しているのだから、仕事はしていないでしょう。だから賃金から控除します」という理解しがたい理由です。

●●●●

運送会社に勤めていましたが、先週辞めました。鋼材を積んだ車でバックしたときに、リモコンを踏みつけてこわしてしまい、会社から「弁償しろ」といわれたので労働基準監督署に相談しました。そうしたら、「本人の合意がなければ払わなくていい」といわれましたので、それを会社にいったら、「今までトラックをぶつけてきた修理代を払え。裁判してでも払わせる」といわれました。元々の話は、こわしたリモコン代を3万6000円の運行手当で相殺するということだったのですが、相殺ではなく分割にできないか、といったことからはじまった話でした。

●●●●

お客さんの荷物を配達の途中で落としてしまいました。中身は7万円相当で、会社からは、落とした荷物を回収するのに先方も手伝った人件費と菓子折り2つ分で、合計10万円払うよういわれています。

月に2万以上は引かないといわれ、無事故手当から毎月2万円引かれているのですが、いつまで引かれ続けるのか、総額でいくら払うのかわかりません。

会社は保険で処理し、まかないきれない分を請求するといっていますが、その内訳が明らかになっていません。払わなければならないのでしょうか。

････

　4トン車で事故を起こして内勤を命じられ、「それだと給料が減るので乗務させてほしい」といったところ、2トン車の地場配送をやれといわれました。2トン車の地場は、階段担ぎ上げなど、体力的に非常にきついので断ったら解雇されました。

　4トン車の事故での免責が30万円なので、免責額の30万円を給料から引くといわれましたが、手取りが16万円くらいしかないので、次月分の給料を差し押さえるといわれ、「給料日に実印と印鑑証明を持って来い」といわれました。

　一昨年から会社の業績が悪いので、翌年には戻すので給料の10％をカットしてほしいといわれましたが、翌年に戻るどころか、さらにまた5％カットされています。しかも、事故を起こした者については20％カットされています。こういう会社ですが、免責30万円は払わなければならないでしょうか。

････

　100人規模の会社です。今月、社長が勝手に給与規定を変えました。納得できません。互助会の会費も徴収されていますが、収支明細書をだしていません。

　事故の弁済についても、「追突は15万円」というように定額で決められています。人によっては300万円を分割で何年も払っているケースがあります。

　給料は8万円から9万円。それで引かれると、場合によってはマイナスになる人もいます。今回の給料改定で、みんな限界にきています。労働組合をつくりたいと考えています。

次は、恒常的な過重労働が職場に広がっている現状です。

････

　大型ドライバーで長距離を2人体制で運行しています。たとえば九州を22時に出発する場合ですと、翌日の昼に東京の2か所で荷物を降ろして、トラックの中で6時間程度仮眠します。その日の20時に東京で積み込みをして、九

州に向けて出発。翌日の昼に九州到着です。これが1航海で、これを連続して5～7回やります。給料は、1航海3万3000円で、これには残業代も深夜割増も込みになっています。こういうやり方は違法ではないですか。

　会社は100人規模です。他の社員の例ですが、労災で入院しても「健康保険を使って」といわれ、労災扱いをしてくれません。また、7航海連続で運転していた人が、仮眠できなくて酒を飲んだら、そのまま心筋梗塞で死んでしまったこともありました。

● ● ●

　朝の1時から夜の7時過ぎまで勤務しています。遅いときは夜8時、9時になるときもあります。昼に一旦仕事に区切りがついて、運転ではなく倉庫とか他の仕事があてがわれます。そのときは、時給800円になります。月500キロ以上走ると、手取りで20万円ほどです。

　客先でバッテリーが上がって、お客さんが24Vでかけてくれましたが、その瞬間、バッテリーが破裂してしまったことがありました。会社は「弁償しろ」といいます。いくらかと会社に聞いたら「請求することもあるし、しないこともある」という返事です。台車で荷物を運んでいるとき、落として袋から中身がこぼれてしまったことがあり、このときも商品の賠償金を支払いました。

　休みは毎週日曜日だけ。それ以上休みをとると「クビ」といわれます。日曜以外に休みを取ると、皆勤手当がつきません。

　給料は、私だけ銀行振り込みにしてもらっていますが、現金でもらっている人の給料袋は、銀行のキャッシュコーナーにある袋です。振り込みは私だけなので、振り込み手数料を引かれています。先日、退職すると会社にいったのですが、辞めさせてくれません。

理不尽なことがまかり通る職場環境

● ● ●

　トレーラーの運転をしています。会社から「業務縮小でトレーラー業務が

なくなる。ついては〇月〇日付で辞めてくれ」といわれました。

　会社都合なのに、生活保障もなく辞めさせるだけなのかと聞いたところ、「2か月前に予告しているから法的には全く問題ない。経営状態が厳しいから生活保障費はビター文出せない」という返事でした。以前は、勤続2～3年でも辞めるとき10万円会社は払っていました。

　トレーラーに乗っているのは私だけです。会社には2トン車も、4トン車もあります。つい先月まで運転手の募集をしていたのに、私に対しては業務転換の話もなく解雇というのはおかしいと思います。

●●●

　トラックを運転中に、対向車線の乗用車に正面衝突され負傷しました。

　現在休業中で、間もなく後遺症の認定がでます。首の骨が2本ずれており、右手にしびれ・痛みがあり、握力も戻りません。しかし、会社は労災扱いにしてくれません。それどころか「健康保険証を返せ、返さなければ、会社で脱退の手続きをする」といっています。つまり、クビだということです。

　最初は〇月に復帰する予定で、会社も「診断書を出せば休んでいい」といっていました。その後、首の調子が悪くなり起き上がれなくなったのです。会社は「〇月に来るといったのに、なぜ来ない！」、「うちは学校じゃない、会社だ！」「〇月〇日から〇日の間に、健康保険証をもって本社に来い！」といっていますが、やっと起き上がれる状態で、本社まで行ける体調ではありません。どうすればいいでしょうか。

●●●

　面接のときと、手当の額が違っていました。会社に聞いたら「古い人と、新しい人で格差をつけた。半年後に見直す」といわれました。しかし、入社のときにそんな説明は聞いていません。

　経営が苦しいからと、給料が2割減額されました。その後、さらに1割減額されました。

　事故を起こしてしまい、免責額相当分として毎月2万円が給料から控除されています。それも入社時には聞いていない話です。

　納得がいかないので、法テラスで弁護士に相談し、簡易裁判所で調停となりました。しかし、不成立。逆に会社から、事故で休車したため営業損失の

賠償を請求される裁判を起こされています。

●●●●

　定年で〇月〇日に退職するドライバーです。しかし、60歳になっても退職していない人もいるのに、私には延長の話もなく定年扱いのようです。

　以前、会社に対しある問題で「社員と協定を結んだらどうか」と進言したことがあり、そのことが定年の扱いに響いたのかもしれません。

　勤続は6年3か月。社会保険には一切入っていません。ハローワークで相談したら「それでも雇用保険給付は受けられる」といわれました。そのときハローワークからは、「あなたは雇用なのか請負なのかが問題だ」といわれ、たぶん雇用だと思うと答えました。所得税も引かれていません。

　基本給は12万円。業務手当、無事故手当がそれぞれ5万円で、精皆勤手当が2万円。合計月額で24〜25万円です。

●●●●

　これらの事例は、労働組合のない職場で何が起こっているのかを端的に示しています。本書のＱ７の中で、「運輸産業は小規模、荷主従属的、ワンマン経営者の多い業界特性」と表現したところがありますが、それが誇張でないということが、こうした事例からおわかりいただけるのではないかと思います。

　これが労働組合のない職場の実態ですが、では労働組合とはどんな組織で、どういう役割を、戦後の日本社会の中で果たしているのかについて述べたいと思います。

Q2

労働組合って
どんな組織?

労働組合って、大企業にだけあって
給料の高い人が高い組合費を払っている
というイメージしかないのですが。

A2

　これについては、歴史的な経過や法律が作られたときの趣旨などについてお話ししたいと思います。

　戦時中の日本は、国家総動員法が施行され大政翼賛体制といわれた一種の全体主義国家であり、労働組合の活動は、決して自由ではありませんでした。戦後の民主化にあたり、政府は、労働組合を民主国家建設の担い手と位置づけ、労働三権、労働三法が制定されたのです。

　労働三権は、「団結権」、「団体交渉権」、「団体行動権」のことで、憲法28条に盛り込まれました。条文に「勤労者の団結する権利及び団体交渉その他の団体行動をする権利は、これを保障する」とあるとおりです。ところで憲法21条には「集会、結社及び言論、出版その他一切の表現の自由は、これを保障する」と結社の自由が定められており、労働組合も結社の1つですから、この21条があれば労働組合の結成は保障されているのですが、あえて、たたみかけるように28条で労

17

働三権を保障する規定が置かれたことに、労働組合を民主化の切り札にするという当時の雰囲気を感じることができます。

　この憲法28条の規定を受けて、労働三法が制定されました。「労働組合法」、「労働関係調整法」、「労働基準法」の３つです。これは制定された順序です。多くの労働者が、まず何よりも食べるために仕事を求めました。すさまじいインフレのなかで、あっという間に目減りしていく賃金を引き上げるために、労働組合を結成し生存権を確保するための闘争が、繰り広げられたのです。ですから労働組合法の制定が一番最初になります。そして、多くの労働組合が結成され、争議行為が頻発する状況を交通整理するために労働関係調整法が制定され、その後、すべての労働者の最低限の労働基準を設定した労働基準法が制定されたのです。

　そこで「労働組合とはどんな組織なのか」についてですが、労働組合法では、労働組合の目的について、次のように規定しています。第２条です。「労働条件の維持改善その他経済的地位の向上を図ることを主たる目的として組織する団体またはその連合体」とあります。

　つまり、労働条件を維持すること、改善すること。そして、経済的地位の向上です。「経済的」という限定があるのは、労働組合の政治化、左傾化を防ぐためといわれています。いろいろな労働組合の規約を見ると、必ずこの目的が規定されています。

　さて、では、労働組合法で定められた目的を達成するため、労働組合にはどのような「特権」が与えられているのでしょうか。いいかえると、労働組合が労働条件の維持・改善をはかるために、どのような「特権」をもっているのかということです。

　これには大きく分けて３つあります。１つが「刑事免責」、２つ目が「民事免責」、そして３つ目が「不当労働行為の救済」です。順を追って説明します。

　まず、「刑事免責」についてです。条文はこのようになっています。「刑法第35条の規定は、労働組合の団体交渉その他の行為であって前

項に掲げる目的を達成するためにした正当なものについて適用がある
ものとする。（1条2項）」

　これだけだと何が何だかわかりませんね。刑法35条を適用すると
しかいっていませんから。

　それでは刑法35条には何が書いてあるでしょうか。「法令又は正当
な業務による行為は、罰しない」とあります。これはすごいことが書
いてあります。一般に罪を犯した場合は当然罰せられます。しかし、
外形上、罪となる行為をしても、「正当な業務による」場合は、罰し
ないという規定です。少し難しいいい方ですが「正当な業務」は、違
法性を阻却するということです。そして労働組合に刑法35条を適用
するとは、外形上、刑法に問われるような行為があったとしても、「正
当な業務」なので、罰しないということなのです。

　たとえば、団体交渉で、仮に過激な言動で使用者に恐怖感を与えた
としても、脅迫罪に問われることはないということです。そうするこ
とによってはじめて、労働者の代表である労働組合が使用者と対等に
交渉できるようになるからです。ただし、いうまでもないことですが、
暴力行為は一切許されません。

　次に、「民事免責」です。団体交渉を重ねても合意に達しない場合、
労働組合には争議権が与えられていますから、手続きに則ってストラ
イキを行うことができます。労働力供給の停止を背景に交渉力を強め
るということです。

　ところが、実際にストライキに突入し、その後、交渉がまとまった
とします。そのときに会社が「交渉は妥結しました。しかし、労働組
合がストライキをしたことによってわが社は○億円の損失を出しまし
た。ついては労働組合に損害賠償を求めます」といわれたらどうです
か。ストライキ権はあっても、実際にはストライキを行うことができ
なくなります。

　そうならないために、労働組合法第8条で「使用者は、同盟罷業（ス
トライキ：筆者注）その他の争議行為であって正当なものによって損
害を受けたことの故をもって、労働組合又はその組合員に対し賠償を

19

請求することができない」と定めています。労働組合による正当なストライキであれば、そのために会社が被った損害を賠償する必要はないという規定です。

　これもすごい規定です。過失の有無によって賠償責任を負うということはよくあります。しかし、ストライキで会社業務を止めれば、会社に損害を与えることは明白なわけですが、労働組合の正当な争議行為であれば、損害賠償責任を免除するというのです。どれだけ労働組合に、戦後民主化の担い手となることを期待していたのかがわかります。

　しかも、労働組合に対する「特権」はこれだけではありません。それが3番目の「不当労働行為の救済」です。

　憲法で定められた労働三権が、実質的に保障されるよう刑事免責、民事免責が規定されました。しかし、いざ団体交渉をするというときに、使用者が交渉の席に着かない。あるいは、一応、席には着くが決定権限のある者が出席せず、「持ち帰って社長と相談します」というのでは交渉になりません。そこで、使用者を交渉の席に着かせるための規定が、労働組合法第7条なのです。「使用者は次の各号に掲げる行為をしてはならない」と定め、その第2号で「使用者が・・・団体交渉をすることを正当な理由がなくて拒むこと」としています。

　この条文の解釈については、席に着かないことに加え、決定権限のある者が出席しない、あるいは出席し交渉するが、結論を出さないような場合は「誠実団交義務違反」とされるのです。

　なお、不当労働行為は、労働組合に対する使用者の不当な行為のことですので、団体交渉の対応以外にも、労働者が組合員であること、労働組合に加入あるいは結成しようとしたことなどを理由とする解雇、その他の不利益な取り扱いを禁じていますし、会社が面接の際に、労働組合に加入しないことを採用の条件とすることはできません。また、会社が、労働組合の運営のための経費につき経理上の援助を与えることは、労働組合に対する支配・介入にあたるため禁止されています。

このように、労働組合には戦後民主化の担い手として大きな「特権」
を与えられているのですが、労働組合と名のつく組織であれば、どん
な労働組合でもこのような「特権」が与えられるのでしょうか。実は
そうではありません。労働組合審査に合格できる組合でなければ、不
当労働行為からの救済は受けられないことになっています。

　では、どのような基準をクリアしなければならないのでしょうか。
これには2つあります。1つが自主性の要件、もう1つが民主性の要
件です。

　自主性の要件とは、会社の影響を受けないで、労働者が自主的に結
成した団体であることが必要だということです。労働組合法では、「会
社の役員」や、「人事に関して直接の権限を持つ者」が組合員になって
いてはいけないということと、労働組合の運営経費の援助を会社から
受けてはいけないことを定めています。つまり、会社の利益を代弁す
る人を組合に入れてはいけないということ、もう1つは、会社から経
費を援助してもらうと、組合としていいたいことがいえなくなる可能
性があるので、それはダメということです。

　2つ目の民主性の要件とは、労働組合を民主的に運営するための決
まり事を、組合規約に定めなければならないということです。具体的
には、次の項目を規約に定めなさいと労働組合法（第5条2項）に規定
されています。

○役員は、組合員の直接無記名投票により選挙されること。

○総会は、少なくとも毎年一回開催すること。

○会計報告は、毎年一回組合員に公表されること。

○同盟罷業（ストライキ）は、組合員又は組合員の直接無記名投票に
　より選挙された代議員の直接無記名投票の過半数による決定を経な
　ければ開始しないこと。

○規約は、組合員の直接無記名投票による過半数の支持を得なければ
　改正しないこと。

21

さて、このように戦後民主化の旗手として期待され、憲法や労働組合法の保護を受けて発展の環境整備がなされた労働組合は、1949年（昭和24年）に55.8％の組織率を記録するまでに、日本社会の中で広がりを見せましたが、残念ながら、その後は低下の一途をたどり、一番最近（2016年6月調査）の数字で17.3％まで組織率が下がっています。

　その中で企業規模別の労働組合員数の比率を見ると、1000人以上の企業では65.0％なのに対し、100人未満の場合は2.6％に過ぎず、まさに、冒頭の質問のように大企業の恵まれた人のための組織というイメージは、否定しようがありません。

　しかし、労使が対等に話しあい、そのための仕組みと特権を与えられている労働組合を、本当に必要としているのは、むしろ中小規模の企業で働いている人たちであることは、Ｑ１の事例を見れば明らかです。そこで、中小規模の会社に「労使が対等に交渉するための制度」がなければならないということになるのですが、その前に、では労働組合のない職場では、どのようにして職場のルールが決められているのか、そのお話をしましょう。

Q3

労働組合のないところは、どうやって職場のルールを決めるの?

春闘の時期になると、テレビで賃上げのニュースをやるので「ああ、労働組合が腕章を巻いて会社と交渉しているのだな」とわかるのですが、労働組合のない会社では、どうやって労働条件や職場のルールを決めているのですか。

A3

　1947年（昭和22年）に労働基準法が制定されたとき、「…労働者の過半数で組織する労働組合がある場合においてはその労働組合、労働者の過半数で組織する労働組合がない場合においては、労働者の過半数を代表する者との書面による協定をし…」と規定され、労働者と使用者が取り決めを結ぶときの当事者については過半数を組織する労働組合とし、過半数を組織する労働組合がない場合、あるいは労働組合があっても過半数を組織していない場合は、「労働者の過半数を代表する者」と協定を結ぶこととしています。

つまり、質問に対する回答としては、「過半数代表者が職場のルールを会社と決める」ということになります。でも、「ちょっと待ってくれ」という人がいると思います。「うちの会社には労働組合がないけれど、過半数代表者がいるっていうのも聞いたことがない」と。実はそうなのです。労働基準法ができたときには、日本中の会社のほとんどに労働組合が結成されるだろうと、法律の起草者は思っていたフシがあります。ですから、そうなるまでの過渡的な措置として、「過半数代表者」について規定していたのです。

　ところが、1949年の55.8％をピークに労働組合の組織率は下がる一方で、取りあえず規定しておいた「過半数代表者」の出番の方が多くなってきたのです。しかも、過半数代表者が、どのように選ばれているのかを調べた報告によると、「選挙」で決めたのがわずか8.3％、「会社が指名した」、「会社が選んだ人の信任」、「社員会・親睦会の代表が自動的に横滑り」の3つをあわせると62.9％となります（労働政策研究・研修機構による調査）。言葉は悪いのですが、3分の2近くが「会社側の立場に立った人間」が労働者の代表になっているということです。こういう実態ですから、過半数代表者が見えていないのだと思います。これが過半数代表者を選ぶ際の問題点です。

　しかし、問題点はこれだけではありません。条文を見てわかるように、「労働者の過半数を代表する者」とだけ書いてあって、どのように選ぶのか、選ばれた過半数代表者に任期はあるのか、勤務時間外に過半数代表者としての仕事をするのか、どうやって労働者の意見を聞くのかなど、具体的なことは労働基準法に何も書いてないのです。かろうじて、1998年に改正された労働基準法施行規則第6条の2に、「過半数代表者は、管理監督者ではないこと」、「労使協定を締結する案件が発生するたびに過半数代表者を選出するものとし、選出の方法は投票、挙手等で行うこと」、「会社は、労働者が過半数代表者となったこと、なろうとしたことを理由に不利益な取り扱いをしてはならない」という規定があるだけです。

　その規定も民主的な運営をするための役に立っているかというと、

実は、それだけでは不十分です。社長が「過半数代表者は、人事課長の○○さんとする。反対の者はいるか」といったら、一体何人の人が反対できるでしょうか。また、協定締結のつど過半数代表者を選ぶとなっていますが、実態としては1回選んだら、その代表者にいくつもの協定を結ばせていますし、労働組合のように「直接無記名投票」ではないので、労働者の自由意志による投票とはいえません。まして、食堂など会社施設の中で挙手で決めるとなったら、誰が誰に手をあげたかが一目瞭然ですから、とても民主的な選び方とはいえません。不利益取り扱いの禁止についても、本当に不利益取り扱いをしようと思ったら、労働者が過半数代表者となったこと、なろうとしたことを、バカ正直に不利益取り扱いの理由にするはずがありません。「成果を上げていない」とか、「勤務成績が悪い」とか、「事故が多い」とか、必ず他の理由にかこつけるはずです。

このように問題だらけの過半数代表者制ですが、多くの職場に労働組合がないという現実があるにもかかわらず、過半数代表者と締結する労使協定の数が、近年飛躍的に増加しているのです。

最初は、時間外労働の規定である36条や、賃金控除規定の24条など、法律の罰則規定を解除する、いくつかの労使協定だけでしたが、1987年の労働基準法改正で労働時間法制の弾力化が進められてから、変形労働時間制で労使協定が導入されるなど、その数を大きく増やし、現在では100を超えています。

一方、質的な変化も見逃せません。計画年休の取得などは、罰則規定の解除ではなく、労働条件の設定に一歩踏み込んでいますし、雇用調整助成金の支給手続きに労使協定が求められたり、会社更生法や民事再生法において、過半数代表者に意見聴取の機会を設ける例とか、企業年金の規約作成・変更に過半数代表者の同意が必要とされたりなど、質・量ともに、過半数代表者に大きな役割を担わせています。

そこで、連合（日本労働組合総連合会）では、「『過半数代表制』の適切な運用に向けた制度整備等に関する連合の考え方」を2014年の7月にまとめました。

連合の基本認識としては、労働組合の組織拡大によって集団的労使関係の再構築をはかることが第一義的な取り組みであるが、一気にそれを実現することが困難だとすれば、現行制度としてすでに存在している過半数代表者制の問題点を克服して、民主的な制度にリニューアルすることによって、集団的労使関係の再構築への足がかりとするというものです。

　どのような提言をしているのか具体的に見てみましょう。

選出の時期
「過半数代表」の関与が求められる事項が発生する都度、民主的に選出されるべきである。

▶過半数代表者の選出は、労使協定を結ぶ必要が発生するたびに、選出するということです。しかも、挙手とか拍手ではなく、あとで出てくるように直接無記名投票という「民主的」な方法で選出してくださいといっています。これは会社にとっては面倒ですし、手間がかかります。でもそれこそが理由なのです。それがイヤなら常設の機関である労働者代表制の法制化に賛成しなさい、あるいは、労働組合の結成を邪魔しないでください、というのがこの提言の意図といってもよいでしょう。

選出手続の運営主体
「過半数代表者」を選出する必要性は、法定基準を解除する労使協定を望む使用者側なので、運営主体は使用者が担うべきである。

▶選出手続の運営主体は会社が行うべきとし、中小企業が多いことを考慮して、「選挙管理委員会」の設置までは想定しませんでした。会社を運営主体としたのは、過半数代表者を決めることによる受益者、つまり誰がそれによって利益を得るのかといえば、間違いなく会社です。残業をさせるための協定も、就業規則の作成・変更の意見を聴くのも、全従業員とではなく過半数代表者との協定・意見聴取で済んで

しまうのですから。だから、過半数代表者を選ぶ手続については会社がやってね、ということです。

立候補する機会の付与
使用者は「過半数代表者」の選出が必要となった理由を明示した上で、その立候補を受け付ける旨・選出人数（1人）・立候補受付期間・選挙日を、事業場の労働者に対し公示する。

▶会社が労働者と協定を結ぼうとするときに、会社の意を帯する人物を立てて、会社の意図する方向に過半数代表者が意思決定してしまうことを防ぐという意味です。そのために、全従業員に広くあまねく立候補の機会を与えようという趣旨です。

協定案の事前開示
使用者は立候補受付の公示とともに、労使協定案や見解について、全労働者に公示すべきである。

▶協定の内容をよく説明せずに「ここにハンコ押して」というケースも結構あると思います。そうではなくて、何について協定するのか、その協定に対し会社はどのように考えているのかを事前に明らかにすることによって、労働者が、その協定に対する自分の考え方をまとめられるようにするということです。

所信表明の機会を付与する
使用者は、立候補者に事業場の労働者に向けて、自らの所信を表明する機会を与えるべきである。

▶協定締結の必要が発生する都度に、過半数代表者を選ぶので、立候補者がその協定についてどう考えているのかがわからなければ、選びようがありません。そこで、会社に立候補者に所信表明を行う機会、

具体的には場所と時間を決めて集会を行う段取りを行ってだくさい、ということです。

無記名投票による選挙

使用者の意向・圧力を気にかけることなく、事業場の労働者が自らの意思に基づいて民主的に選出できるよう、事業場の規模にかかわらず無記名投票を行うべきである。なお、立候補者が1名の場合に、無投票当選とするのではなく信任投票を行うべきである。

▶ここが、民主的な選び方のキモとなるところです。社長がいる中での挙手とか拍手では、見られているのですから本当の意思表示はしづらいのです。なので、自治体や国政選挙、あるいは労働組合と同じように投票箱を使って無記名選挙をしましょうということです。立候補者が1名の場合、投票をせずに当選を確認することが一般に行われていますが、連合案では、その場合でも「信任投票」をすべきだとしています。会社側の人物しか立候補していない場合に、「本当にその人でいいのか」を確認するためです。信任投票で過半数にならなかった場合は当選とせず、過半数を取れる人が出るまで信任投票を繰り返すという考え方です。

選挙手続に瑕疵があった場合

正当性が認められない以上、意見聴取や協定の効力は無効とすべきである。

▶正当な手続きに則らないで選出された過半数代表者は、過半数代表者としての正当性を持たないわけですから、そのような過半数代表者と締結した協定や意見は、当然に無効であることを確認したものです。

　以上のように、選出手続きを厳格化・適正化することとともに、この手続きを、政令ではなく「過半数代表者制」を規定している労働基

準法や雇用保険法など、それぞれの法律に定めるべきだと提言しています。

　また、過半数代表者を複数化・常設化すべきであるという議論については、「厳格かつ適正な選出手続きを整備することによって、過半数代表者が事業場の労働者の意思にもとづき正統性を持って自らの権限を行使できる環境を整備すること」ができれば複数化・常設化の必要はないとしています。

　いずれにしても、現行の過半数代表者制は、十分な基本設計ができていないにもかかわらず、労使協定を結び、労働条件の決定に関与していることに大きな問題があります。もちろん、過半数代表者の選出手続きを厳格化・適正化したうえで法律事項とすることは当然必要であり、重要なことですが、集団的労使関係の再構築という、より大きな観点からその問題を克服するために出てきたのが、次にお話しする労働者代表制です。

Q4
労働者代表制って
どんな制度なの？

労働者代表制は過半数代表者制や
従業員代表制とどのように違うのですか？
また、そもそも労働者代表制の法制化は、
なぜ出てきた話なのですか？

A4

　この点については、まず、法制化の話がなぜ出てきたのか、過半数
代表者制や従業員代表制とどのように違うのか、労働者代表制はどの
ような制度なのか、ご質問とは逆の順番で説明した方がわかりやすい
と思います。

　そこでまず、日本における労働者代表制の法制化は、いつごろから、
どういう理由で出てきたのかについてお話しします。
　最初の議論は1970年代に従業員の経営参加が論じられたときだと
いわれています。ドイツの共同決定法が、労働者代表の監査役を通じ
て企業経営に参加するのを参考に、日本でも労働者の経営参加が議論
され、共同決定法の導入にはいたりませんでしたが、経営協議会、労
使協議会という形で定着しました (内藤忍2007：234)。

次が、1987年の労働基準法改正をきっかけに、議論が盛り上がりを見せました。このときの法改正は、労働時間を弾力化したもので、変形労働時間制、裁量労働制、フレックスタイム制が導入されました。これらの制度を導入するにあたり、過半数代表者と使用者との労使協定の締結が要件とされたためです（内藤2007：234）。

　これは、のちほどの議論とも関連するのですが、この改正前までの労使協定は、たとえば時間外労働の協定である36協定のように、労働基準法の本則に規定された1日8時間、週40時間の定めを超えて労働することを許すというように、法定基準を解除するための協定がほとんどでした。ところが、87年改正で労働時間の弾力化がはかられ、その要件としての労使協定となると、単に法定基準を解除するだけでなく、労働者の労働条件を設定する役割をはたすことになります。それほど重要な役割を、過半数代表者に与えてよいのかという議論です。

　次に、現在の労働者代表制の立法化につながる直接的なきっかけとなったのは、労働契約法制が議論された中で、新たな労使委員会制度が提案されたことによるものです。

　労働契約法自体は2007年に成立しました。これまで労働契約を規制する法律が日本にはなかったため、現場で起こる労働契約に絡む労使紛争は、判例の積み重ねで対応していました。裁判はやってみないと結果がわからないわけですから、労使ともに前もって結果が想定できるように裁判ではなく法律で定め、予見可能性を高める必要があるということで、労働契約法の立法が求められていました。しかし、使用者側は、解雇のルールを明確化することを望み、労働者側は、解雇を規制するルールの明確化を望んでいたことから議論がかみ合わず、最終的には2003年の労働基準法改正で制定された18条の2の規定、すなわち「解雇は、客観的に合理的な理由を欠き、社会通念上相当であると認められない場合は、その権利を濫用したものとして、無効である」との判例法理の条文を、そのまま労働契約法に移動することで決着をみました。

　全体で19条のコンパクトな法律として2007年に成立しました。本

来であれば、労働組合法、労働関係調整法、労働基準法の労働3法にならぶ、労働4法となる法律でしたが、まずは成立させることを最優先にし、小さく産んで大きく育てる出発となりました。

　少し横道にそれたので元に戻ります。この労働契約法の成立に先立って、厚生労働省は、2004年4月に「今後の労働契約法制の在り方に関する研究会」を設置し、2005年9月に最終報告が取りまとめられました。その中で新しい「労使委員会」制度が提案されたのです。

　これが労働者代表制の議論に火をつけました。労使委員会制度そのものは、企画業務型裁量労働制のときに設置されていましたが、この研究会で提案された労使委員会は、労働条件の変更、たとえば就業規則を変更するときに、その就業規則の変更に合理性があるか、ないかの判断を労使委員会の合意に委ねるというものです。「変更の合理性を推定する」というルールで、当時これが大問題になりました。その後制定された労働契約法は、労使の思惑の違いから最小限合意できる部分だけの法律になりましたし、就業規則の変更についても労使委員会ではなく、判例法理を立法化すること（労働契約法第10条で、就業規則の変更に合理性があれば労働条件を変更できるとした）で落ち着いたという経緯があります。

　次の議論からが、直近の契機ということになります。労働政策研究・研修機構が、厚生労働省からの委託を受けて2013年7月に「様々な雇用形態にある者を含む労働者全体の意見集約のための集団的労使関係法制に関する研究会」報告をまとめました。この報告書では、労働組合の組織率が17％台まで減少する中で、多様な労働者の意見を集約し、集団的に労使交渉ができる組織が必要だとして、

①現行の過半数代表制の枠組みを維持しつつ、過半数労働組合や過半
　数代表者の機能の強化をはかる方策
②新たな従業員代表制を整備し、法定基準の解除機能を担わせる方策

の2つを課題解決に向けたシナリオとして提示しています。ここから、

過半数代表制や労働者代表制に対する議論が起こりました。

　もう1つ、この議論のきっかけとなったのが、連合における「集団的労使関係研究会」のスタートです。研究者、産業別労働組合の実務責任者および連合の担当役員をメンバーに、2013年1月から議論を始め、2014年8月まで11回の議論を積み上げ、その報告書を『これからの労使関係を問う　現場と研究者の対話』として発刊しました。

　さらに、Ｑ３で紹介した連合の「『過半数代表制』の適切な運用に向けた制度整備等に関する連合の考え方」を議論するためのプロジェクトが、2014年3月に立ち上がり、同年6月まで7回の議論を行い、翌7月にプロジェクト報告を発表しています。その中で、今後の課題として「日本全体で集団的労使関係を再構築するという目標に向かって労働者代表制の法制化等に関する検討を引き続き深めていく」としているところです。

　これが労働者代表制の法制化をめぐる、今日までの議論の経緯と経過になります。

　次に、言葉の定義の問題です。似たような言葉がたくさんあって、混乱するといけないので整理をする必要があります。ただし、これを深く追求しても大きな意味はないので簡単に触れたいと思います。

　まず、「過半数代表制」については、1947年制定の労働基準法により設けられた制度で、過半数労働組合がない場合に、労働者の過半数を代表する者と書面による協定を結ぶと定められました。しかし、条文はそれだけなので、どのように選ぶのか、該当する労働者の範囲や締結する協定の内容などは一切規定されていませんでした。

　そこで、労働基準法施行規則第6条の2が追加され、過半数代表者は、①管理・監督者でないこと、②投票、挙手等の方法で選出すること、③不利益取り扱いをしないこと、が定められました。しかし、これでもまだ十分でないことは、これまで述べてきたとおりです。

　次に、「従業員代表制」と「労働者代表制」です。まだ法制化されていないので、確立した定義はないのですが、過半数代表制が、労使協

33

定を締結する必要が発生するたびに過半数代表者を選出し、基本は1人の代表者を想定し、協定を結んだら一旦役割が終了するので、機関として常設するわけではなく、したがって、締結した協定が、その後どのように実施されているかをモニタリングする機能はありません。

それに対して、「従業員代表制」と「労働者代表制」は、従業員の意見を集約し、会社と協議する常設の機関として想定されていますし、企業規模あるいは男女比率、さらには雇用形態ごとの従業員数に応じて、複数の代表者を選出することを想定しています。

では「従業員代表制」と「労働者代表制」の違いは何でしょうか。「従業員代表制」は、会社内のすべての従業員を代表する組織ですので、労使双方が構成員となる場合があります。また、「従業員代表制」は、労働組合があってもなくても組織されるのに対し、「労働者代表制」は、過半数労働組合がない場合に限り労働者のみで組織され、過半数労働組合が職場にある場合は、「労働者代表制」を置かず、その過半数労働組合を「労働者代表制」と見なします。ただ、確定した定義はないので、私の感覚にもとづいた仮の定義と思ってください。

なお、厚生労働省が労働政策研究・研修機構に委託した研究会報告書では、労働組合とは、「労働者が自由意思によって加入した団体で、労働条件の維持改善等を目的として団体交渉を行い、これを実効的に機能させるために争議権を有する組織」とし、従業員代表とは、「事業場ないし企業において、その所属従業員全員を代表する組織または個人で、争議権を有しないもの」という一応の了解の下に分析をすすめるとしています。

それを前提に、Q4の最後の答えになりますが、労働者代表制とは、具体的にどのような制度なのかについてご説明します。

最初に、今ほど定義のところでご紹介した「様々な雇用形態にある者を含む労働者全体の意見集約のための集団的労使関係法制に関する研究会 報告書（平成25年7月）」で提起された内容について見ていきたいと思います。

この報告書では、まず、日本の企業別労働組合を中心とした集団的労使関係の歴史的な分析を行うことにより、企業別労働組合や過半数代表制の果たしてきた役割・課題について整理しています。ついで、諸外国の労働組合や従業員代表制の比較・検討を行い、最後に、日本において新たに従業員代表制を整備する際の課題や、その課題を解決するための方向性について提起を行っています。

　方向性の提起については、先に触れたように、2つのシナリオがあり、1つが、現行の過半数代表制の枠組みを維持しつつ、過半数労働組合や過半数代表制の機能の強化をはかる方策。もう1つが、新たな従業員代表制を整備し、法定基準の解除機能を担わせる方策です。

　本書の主張は、「これからの日本の職場に労働者代表制は必要である」ということですから、2つ目のシナリオである「新たな従業員代表制を整備し、法定基準の解除機能を担わせる方策」について紹介したいと思います。

　まず、これまで労働基準法等で定められている「過半数代表制」と新たな「従業員代表制」との関係ですが、「従業員代表制」に、法定基準の解除機能を担わせる以上、機能が重複しますから「過半数代表制」は存続しないと考えています。

　次に従業員代表制と労働組合との関係です。日本の労働組合は、歴史的に企業内組合が主流であることから、法定基準解除機能を担わせる従業員代表制と機能が重複します。まして、法定基準解除機能といっても、時間外協定を結ぶことは法定基準の解除ですが、では何時間で結ぶのかとなると労働条件設定機能まで踏み込んでいるともいえます。従業員代表制は労使協定の締結だけで、労働組合のように労働協約は締結できないとしても、労働組合の機能と重なることは否定できません。そこで報告書では、過半数労働組合が存在しない場合に従業員代表制を置くことを優先するとしています。

　では、従業員代表制を円滑に機能させるためには、どのような制度設計をすべきなのか。これについて報告書は5点にわたって提起しています。

第1に、従業員代表を複数名選出することです。従業員代表が会社との交渉力を増すためには、従業員代表間の相談・協力が必要になるからです。

　第2に、従業員代表制は、多様な労働者の意見を集約して意思決定を行わなければならないということです。従業員代表制は労働組合のように、自主的に組合費を拠出して加入する団体ではなく、会社内のすべての従業員を代表して労使協定を締結する団体で、加入を法律で強制される組織ですので、組合員の利益ではなく、すべての従業員の意見を反映した交渉を求められるからです。いいかえれば、多様化した労働者集団を代表する制度としての正当性を確保するということです。

　第3に、従業員代表制は機関として設置する以上、常設のものとし、従業員代表は任期制でなければならないということです。そうすることによって、法定基準を解除した後に、労働条件がどう変化しているかをモニタリングすることができるからです。

　第4に、費用負担です。従業員代表制が機能することによって利益を得るのは、各種労使協定の締結を望む会社側であることから、従業員代表制の運営にかかる費用は会社が負担すべきであるということです。

　第5に、従業員代表の活動保障および身分保障の確保です。報告書に明記されてはいませんが、勤務時間内活動に対する賃金保障と、従業員代表になったこと、なろうとしたことを理由に不利益取り扱いをしてはならないということだと思われます。

　次に報告書では、「従業員代表制」の導入にあたり、現行の「過半数代表者」の機能強化をはかり、その検証の上に従業員代表制の必要性を検討していく二段階方式を提起しています。また、従業員代表制の存在が、労働組合の結成を妨げることにならないかという指摘に対しては、あくまでも従業員代表制の機能は法定基準の解除に限定されること、労働組合のように団体交渉権や争議権を持たないことから、労働組合組織化の妨げにはならず、むしろ、労働組合結成の重要な足が

かりとなる可能性があるとしています。

　最後に報告書では、新たな従業員代表制の整備に関して残された課題として2つ指摘しています。

　第1に、従業員代表制が法定基準の解除機能や、場合によっては労働条件設定機能を持つようになったときに、労働組合が持つ権限との調整をいかにはかっていくかという点です。従業員代表制の制度設計にかかわる問題ですので、大きな課題であることは間違いありません。

　第2に、従業員代表と会社との交渉が決裂したときの解決方法をどうするかということです。法定基準の解除機能だけであれば、労使協定を結ばないことで従業員代表委員会の意思を貫徹することができます。しかし、従業員代表制が、何らかの労働条件設定機能を持つ場合、労働条件をめぐる意見の隔たりを埋めることができないとき、どのような解決方法があるかを検討しなければならないということです。

　以上が、「様々な雇用形態にある者を含む労働者全体の意見集約のための集団的労使関係法制に関する研究会 報告書」の、従業員代表制に関する提言内容になります。近い将来、「労働者代表制」の法制化が動きだしたときに、この問題について厚生労働省がどのように考えているのかを知る上で、極めて重要な報告書だろうと思っています。

　次に、労働者代表制とはどのような制度なのか。それを知る上で連合の「労働者代表法案要綱骨子（案）」が、極めて重要な資料となります。

　この法案要綱骨子（案）は、2001年の第7回連合大会で確認され、その後、2006年6月の連合中央執行委員会で補強案が確認されたところです。それを踏まえて、連合の労働者代表制に対する考え方について見ていきますが、これはあくまでも私の解釈であり、連合の公式見解ではないことをご了承いただきたいと思います。

●労働者代表委員会等の設置

（1）10人以上の労働者を使用する事業場

使用者は、常時10人以上の労働者を使用する事業場について、当該事業場に、労働者の過半数で組織する労働組合がない場合においては、労働者代表委員会を設置しなければならない。

（2）10人未満の労働者を使用する事業場

使用者は、（1）に定める事業場を除く事業場について、当該事業場に労働者の過半数で組織する労働組合がない場合においては、労働者代表員を置かなければならない。

（3）過半数労働組合がある事業場

事業場の労働者の過半数で組織する労働組合がある場合においては、当該過半数労働組合を当該事業場の労働者代表委員会とみなす。

▶労働者代表委員会の設置についての規定です。（1）、（2）で規模の上から規定しています。基本的に労働者代表制は、労働組合のない職場を想定していますから、中小企業を中心に考えています。そのときに、社長と数人の社員しかいない職場にも労働者代表委員会を設置する必要があるかということです。

日常的なコミュニケーションの取りやすい職場に、わざわざ形式ばった組織を入れなくてもいいのではないかということから、就業規則の作成義務のある10人以上で線引きをしたのです。なお、10人未満の職場では「労働者代表委員会」ではなく「労働者代表員」を置くことにしています。せっかく、すべての事業所に労働者の組織を設置する法制化なので、ごく小規模の職場には、これまでの過半数代表者に替わって、民主的な手続きで選出される労働者代表員1名を置くということです。

もう1つのポイントは、職場に過半数労働組合がある場合は、労働者代表委員会を置かず、過半数労働組合を労働者代表委員会とみなすことです。日本の労働組合は歴史的に企業別組合として発展してきた

ことはすでに述べました。ヨーロッパでは、労働組合は産業ごとに組織し、企業レベルでは事業所委員会や企業委員会などの従業員代表制が組織されているので、企業内で労働組合と従業員代表制の機能が重複することは多くありません。

しかし、企業別労働組合が主流の日本では、その機能がまさにカブっていますので、職場で過半数労働組合がある場合は、その組合を労働者代表委員会と見なしましょうということです。なお、過半数に達していない労働組合が職場にあっても、その組合がすべての労働者を「代表」しているとはいい難いので、その場合は、労働者代表委員会を設置することになります。連合案では、少数組合は、労働者代表委員の選挙にあたって候補者名簿を提出することができるとしています。また、少数組合に対し労働者代表委員会の会議を傍聴することもできるとしています。

なお、条文案の書き出しが「労働者代表委員会等」と「等」の字が入っているのは、10人未満の事業場に設置する「労働者代表員」を含んでいることと、もう1つは、複数の事業場がある場合、労働者代表委員会の中央組織を企業単位でつくることを想定しているからです。それが次の条文案です。

●中央労働者代表委員会の設置

当該企業に複数の事業場を有する場合、及び、会社が親子会社の関係にある場合、各事業場につき共通の事項に関しては、各事業場の労働者代表委員会から選出された労働者代表中央委員で、中央労働者代表委員会を設置することができる。

▶一定規模以上の企業に、労働者代表委員会を設置する場合の規定です。もちろん過半数労働組合がある場合は設置しませんので、一定規模以上といっても、労働組合がないか、あっても少数組合の場合ということになります。

労働者代表制は、他の多くの労働関係法と同様に、事業場ごとの適

用を想定していますので、一定規模以上の企業であれば複数の事業場に労働者代表委員会を設置するということになります。それら複数の労働者代表委員会を、企業単位で1つにまとめて中央組織を作ろうというのが、この規定です。

●過半数労働組合の成立と労働者代表委員会の解散

（1）労働者代表委員会の解散

　労働者代表委員会は、当該事業場で労働者の過半数で組織する労働組合が成立した場合は、第10項（1）に定める権限を喪失し、総会をもって解散する。

（2）過半数労働組合への協定の承継

　（1）により解散した労働者代表委員会が使用者と締結していた協定については、新たに労働者代表委員会とみなされる当該過半数労働組合がこれを承継する。

▶労働組合があっても、過半数を組織していない場合は労働者代表委員会を設置し、過半数労働組合がある場合は、その労働組合を労働者代表委員会とみなす規定があるのですから、職場内の少数労働組合が、過半数労働組合に達したときは、労働者代表委員会を解散し、これまでその労働者代表委員会が会社と締結した労使協定は、新たに労働者代表委員会とみなされた過半数労働組合が引き継ぐという規定です。

●労働組合の優先

労働者代表委員会等は、労働組合の結成、労働組合の団体交渉、労使協議、労働協約の締結、その他の組合活動を妨げてはならない。

▶企業別労働組合が主流の日本では、労働組合と労働者代表制の機能が重複するので、その調整が必要であることは何度も述べてきました。実は、そこにはもう1つ重要な視点があります。機能が重複するなら、どちらかがあればいいではないかという考えも成り立つという

ことです。そのことによって、労働者代表制があれば労働組合はいらないという方向に議論が進んでしまってはなりません。労働組合には、争議権を背景に会社と団体交渉をし、その交渉結果を労働協約として文書化して組合員に適用する強制力を持っています。ですから、集団的労使関係の労働者側の当事者は、労働組合であるべきです。いい換えれば、労働者代表制が、労働組合結成を妨げること、あるいは過半数に達していない労働組合の活動を妨害するような存在になってはならないということです。そのための規定です。この点については、Q8で重ねて提起します。

●労働者代表委員の選出

（1）委員の選挙権資格等

　当該事業場の労働者のうち、労働組合法2条但書1号に規定された労働者を除く労働者は、労働者代表委員の選挙権、被選挙権を有する。

（2）委員の人数

　労働者代表委員会の労働者代表委員は、事業場規模に応じ、別表に掲げる数を最低人数とする。

（3）委員の任期

　労働者代表委員の任期は2年を超えることができない。再任は妨げない。

　　　　　※ 本項（2）における委員の人数については引き続き検討する。

▶ここでは、労働者代表委員の具体的な選出のしかたについて規定しています。誰が投票できるのか、誰が立候補できるのかについては、労働組合法の規定にならって、会社の役員や管理職には投票権もないし、立候補もできないということです。ただし、投票権については、労働者代表制は労働組合ではないので、管理職については立候補は認めないものの、投票権は与えてもよいのではないかという意見もあります。

　次に、労働者代表委員の選出人数ですが、過半数代表者のように1

41

人ではなく、事業場の規模に応じて人数を比例配分する考え方を示しています。具体的な人数については、「※」に記載しているように、現段階では確定していません。労働者代表委員の任期については2年としています。

●労働者代表委員会の運営

（1）総則

　労働者代表委員会は、労働者代表委員により構成され、総会を開き、代表を選出し、規約を定めることができる。

（2）総会

　① 総会は、労働者代表委員会の代表者が招集する。

　② 代表者は、少なくとも毎年1回総会を招集しなければならない。

（3）規約の記載事項

　規約には次の事項に掲げる規定を含まなければならない。

　①名称

　②主たる事務所の所在地

　③当該事業場の労働者は、労働者代表委員会の全ての問題に参与する権利及び均等の取扱を受ける権利を有すること。

　④ 何人も、いかなる場合においても、人種、国籍、思想、信条、宗教、性別、門地又は身分によって労働者代表委員たる資格を奪われないこと。

（4）代表者の選出

　労働者代表委員の互選により、労働者代表委員会の代表者を選任する。

（5）運営費

　使用者は、労働者代表委員会等の運営のための費用を負担しなければならない。

▶労働者代表委員会の運営についてのルールです。基本的に労働組合法にならった規定になっています。

（1）の総則は、労働者代表委員会の構成は労働者代表委員による
こと、総会を開催すること、代表者を選出し、規約を定めることを定
めています。これは、労働者代表制はあくまでも労働者のみで構成し、
使用者は含まないということです。

（2）の総会規定、（3）の規約の記載事項についても、労働組合法
に沿った内容になっています。

（4）は、代表者の選出で、労働組合法では組合員あるいは代議員
の直接無記名投票ですが、ここでは代議員の互選になっています。

（5）が運営費です。労働組合法では、組合に経費援助することは組
合に対する支配・介入として禁止されていますが、労働者代表制では、
会社内のすべての労働者の意見を反映する組織と位置づけていますの
で、労働者代表委員会等の運営費は会社が負担するとなっています。

●労働者代表委員会等の選挙

（1）選挙の実施時期

労働者代表委員会の定例選挙は、2年ごとに4月1日から5月31
日までの間に行う。

（2）選出手続

① 労働者代表委員会にあっては、その委員は、当該事業場の
労働者による、直接無記名投票により選出し、中央労働者代表
委員会にあっては、その委員は、労働者代表委員会の委員によ
る直接無記名投票により選出する。

② 投票は候補者名簿に記載されている候補者の個人名を記載する。

（3）労働者代表委員の候補者名簿

① 選挙権を有する労働者および当該事業場にある労働組合は、
労働者代表委員の候補者名簿を提出することができる。

② 労働者による①の候補者名簿の提出には、当該事業場にお
いて選挙権を有する労働者の10分の1以上または10人以上のい
ずれか小さい数字の人数分の推薦署名を必要とする。

③ 労働組合による①の候補者名簿の提出には、推薦署名を必要としない。

（4）選挙管理委員会

① 当該事業場の労働者の中から、当該事業場における労働者代表委員会の選挙を適正に行うことを目的とする選挙管理委員会の委員を選出する。

② 選挙管理委員会の委員構成は、当該事業場における労働者の性別比を反映するよう努めなければならない。また、当該事業場にある労働組合の代表者が希望した場合には、その代表者またはその者が推薦する者を選挙管理委員としなければならない。

（5）労働者代表委員会の構成

① 労働者代表委員会の委員構成は、当該事業場における労働者の性別比および雇用形態毎の比率を反映するものとする。

② 選挙管理委員会は、選挙の公示と同時に、当該事業場における労働者の性別比および雇用形態ごとの比率を反映した委員構成を示さなければならない。

（6）使用者の選挙介入の禁止

① 使用者は、労働者代表委員および中央労働者代表委員の選挙に介入してはならない。

② 労働者は、選挙の公正性等が疑われる場合には、都道府県労働委員会に選挙の取消を求めることができる。

（7）選挙結果の届出義務等

労働者代表委員会は、労働者代表委員の選挙結果を労働基準監督署および都道府県労働委員会に届出なければならず、また当該選挙の投票結果を3年間保存しなければならない。

（8）選挙費用

使用者は、労働者代表委員会等の選挙のための費用を負担する。また使用者は、労働者が選挙に関わる活動を労働時間中に行なう必要がある場合には、有給としなければならない。

▶任期満了による定例選挙は2年ごとに行うとし、時期は4月、5月の2か月間を想定しています。全国的なキャンペーンを行って国民的な関心を喚起することも必要だと思います。ただし、4月〜5月という選挙の時期については、会社の人事異動の時期に合わせるなどの意見もあります。これが（1）です。

　（2）が選出手続きで、労働組合法にならい直接無記名投票と規定しています。

　（3）が候補者名簿への登録です。ここは労働組合法には規定がないところで、労働組合以外からの立候補者には、一定数の推薦人を必要としています。また、労働者代表委員会は、過半数労働組合のないところに設置しますので、ここでいう、候補者名簿を提出することのできる労働組合とは、過半数に達していない少数組合ということになります。

　（4）が選挙管理委員会の設置です。過半数代表者の場合は、今後、過半数代表制の機能を強化する案でも選挙事務は会社に委ねていました。しかし、労働者代表制では、常設の機関として法定基準の解除や場合によっては労働条件の設定にまで踏み込む可能性があるわけですから、選出の正当性がより強く求められます。したがって、選挙事務を選挙管理委員会に担わせるということです。

　（5）が労働者代表委員会の構成で、男女比率およびパートや契約社員といった雇用形態ごとの比率を反映するとしています。ここが、すべての労働者を代表する労働者代表制のキモになります。

　（6）が使用者に対する牽制です。使用者は労働者代表委員会等の選挙に介入してはなりません。もし、使用者の介入など選挙の公正性が疑われる場合には、選挙の取り消しを、都道府県労働委員会に求めることができます。

　（7）および（8）は労働組合法にはない規定で、労働者代表制という制度が法律で定められますので、選挙結果については行政（労働基準監督署および都道府県労働委員会）に届け出なければならないこととし、選挙費用については、選挙活動中の有給の保障も含め使用者が負担するものとします。

45

●労働者代表委員会等の権限等

（1）労働者代表委員会等の権限

　労働者代表委員会等は、労働諸法規等に労働者代表との協定締結・意見聴取等を定められたものについてのみ、任務、権限を有し、それ以外の事項について使用者と協議もしくは交渉してはならない。労働者代表委員会等が使用者と法定以外の協定等を締結した場合には、その協定等は無効とする。

（2）労働者代表委員会等の資料・情報請求権

　① 労働者代表委員会等は、（1）の協定締結・意見聴取等のために必要と思われる資料もしくは情報について、使用者に提出を求めることができる。

　② 使用者が資料もしくは情報の提出を拒んだ場合においては、労働者代表委員会等は、都道府県労働委員会に申立を行うことができる。

（3）労働者代表委員会等による意見聴取

　労働者代表委員会等は、（1）の協定締結・意見聴取等に先立って、総会を開催し当該事業場の労働者の意向を確認しなければならない。

（4）労働者代表委員会等の決議要件

　（1）の協定締結・意見聴取等に関わり労働者代表委員会等が決議を行う場合には、労働者代表委員または労働者代表中央委員の総数の3/4以上の多数決によらなければならない。

▶ここも、労働者代表制の重要な部分になります。何ができて、何ができないのか。制度の根幹となる規定です。

　労働者代表委員会は、現在、過半数代表者が担っている労使協定の締結権のみを持つということです。具体的には、時間外協定や賃金控除協定、就業規則の変更における意見聴取、変形労働時間や社内預金の労使協定など約100項目です。法定基準解除機能といってもいいでしょう。労働組合の活動を妨害しないという前提から、労働者代表制

46　　Q4　労働者代表制ってどんな制度なの?

には、これ以外の任務・権限は持たせません。これに反して労働者代表委員会が会社と労使協定を結んだ場合、その協定は無効とします。これが（1）です。

　次に、労働者代表委員会が会社と労使協定を結び、意見聴取に対応するためには、必要な資料・情報がなければ判断ができません。そこで、そうした資料・情報を労働者代表委員会は会社に求めることができるものとし、会社がこれに応じないときは、都道府県労働委員会に申し立てができるようにします。資料・情報を出さないときは、行政から会社に圧力をかけますよということです。これが（2）です。

　労働者代表委員会は、職場のすべての労働者の意見を代表するのがその制度の趣旨なので、労使協定や意見聴取に対応する場合、職場の労働者の意向を確認するために、労使協定等の締結に先立って総会を開催するというのが（3）の規定です。条文案のタイトルが「意見聴取」となっていますが、労働者代表委員会が労働者から意見を集約することを指しているのですが、会社が労働者代表委員会に意見聴取する場合と混同するので、表現には工夫が必要です。

　（4）が決議要件で、労働者代表委員会が議事を決する場合、4分の3以上の多数決が必要だとしています。過半数や3分の2ではなく、4分の3というのは、ハードルの高い基準です。労働組合ではない組織に、労働組合に近い判断を担わせるので厳格なルールにしているということだと思われます。

●労働協約の優先

労働者代表委員会等と使用者が締結した協定等が、労働組合と使用者又はその団体との間の労働協約と抵触するときは、その労働協約が優先する。

▶会社と労働者個人が結ぶ労働契約より、職場の労働条件を統一的・画一的に規定する就業規則の方が優先されます。また、変更の合理性があれば、会社が一方的に内容を変更できる就業規則より、労働組合

と会社の団体交渉によって取り決められた労働協約が優先されます。

　したがって、労働者代表委員会と会社が結んだ労使協定が、労働組合が会社と結んだ労働協約に触れてしまった場合に、労働協約が優先されるという規定です。

　労働組合と労働者代表制の機能調整が必要な日本では、労働者代表制が労働組合の活動を妨害しないことが、制度設計の大前提ですので、当然の規定であるといえます。

●不利益取扱の禁止

使用者は、労働者が労働者代表委員であること若しくは労働者代表委員になろうとしたこと又は労働者代表委員として正当な行為をしたことを理由として不利益な取扱いをしてはならない。

▶この規定がないと、誰もなり手がいなくなるということです。自主的に結成し、民主的に運営し、不利益取り扱いを不当労働行為として救済する規定のある労働組合でも、後継者不足が深刻な問題になっています。まして、法律で決まったから労働者代表委員になった労働者に、不利益取り扱いの禁止規定がなかったら、制度そのものが立ち行かなく恐れがあります。なくてはならない規定です。

●支配介入の禁止

使用者は、労働者代表委員や労働者代表委員会等の運営を支配し、若しくはこれに介入することをしてはならない。

▶人に対する会社からの防衛手段が、前項の不利益取り扱いの禁止であるのに対し、組織に対する会社からの防衛手段、が支配介入の禁止です。労働組合法の規定にならっています。ただし、次項の便宜供与については、労働組合法と違い支配介入にはあたりません。

●便宜供与等

（1）就労義務の免除

使用者は、労働者代表委員会等の請求により、労働者代表委員に対し、労働者代表委員会等の活動に必要な範囲で就労義務を免除し、この期間中の賃金を支払わなければならない。

（2）研修休暇等

① 使用者は労働者代表委員に対して、毎年5日以上の有給の研修休暇を与えなければならない。

② ①の研修休暇は、日本労使関係研究協会（JIRRA）が開催する研修の他、労働者代表委員会と使用者が協議し決定した研修の受講に限り、取得することができる。

③ 研修に必要な費用は使用者が負担する。

（3）事務所等の貸与

使用者は、労働者代表委員会等の請求により、必要に応じて労働者代表委員会等の事務所、会議のための施設、および活動のための用具等の貸与をしなければならない。

▶労働者代表制に対する便宜供与として3点規定しています。

1つが、就業時間内の労働者代表としての活動に対して、労働者からの請求があれば賃金保障するということです。

2つ目が研修のための休暇です。会社は、労働者代表委員に毎年5日以上の有給の休暇を与えなければならず、研修の受講に必要な費用も会社が負担するということです。

3つ目が、事務所等の貸与の規定です。労働組合法では、労使が合意した場合、最小限の広さの事務所の供与については、形の上では経費援助に該当する場合があっても、日本においては企業別労働組合が主流であることから、不当労働行為とはしないという規定になっています。労働者代表制では、より積極的に、労働者代表委員会等から請求があった場合は、会社は事務所等を貸与しなければならないとしているところです。

●調整機関の設置

労働者代表委員会等の選挙に係る紛争、および使用者と労働者代表委員会等の紛争は、都道府県労働委員会が取り扱う。

▶紛争が発生した場合の調整機関を、都道府県労働委員会とする規定です。この制度が実際にスタートすれば、予期せぬトラブルの発生も起こりえます。選挙についての紛争だけでなく、紛争全般の調整機関として都道府県労働委員会を活用していこうということです。

●罰則

使用者が9項（6）（使用者の選挙介入の禁止）、13項（不利益取扱の禁止）、14項（支配介入の禁止）に違反した場合には、刑罰を科す。

▶最後が罰則規定です。会社が労働者代表委員の選挙に介入すること、不利益な取り扱いをすること、労働者代表委員会に支配介入しようとすることを、最も重く見ています。そのような行為があった場合は、刑事罰を科すことで会社を牽制し、労働組合法でいうところの不当労働行為を防止するという趣旨です。

　Q4の質問に関連することなので、労働者代表制がもっている労働法学的な論点、具体的には労働者代表制が、憲法や労働組合法に抵触するのではないかという議論を取り上げてみたいと思います。

　これまで、過半数代表制の機能強化や労働者代表制がどういう権限を持つのかのところで述べたように、労働組合の結成や労働組合の活動を妨害しない範囲で、労働者代表制等が制度設計されていることを紹介しました。具体的には、労働諸法規で定められた法定基準の解除はできるが、労働条件の設定はできないことであるとか、労使協定が労働協約と競合した場合、当然に労働協約が優先されることです。

　これらは労働組合活動を侵害しないための、いわば妨害禁止規定という位置づけではありますが、憲法28条の規定に反しないためのも

50　Q4　労働者代表制ってどんな制度なの?

のでもあります。どういうことかといいますと、憲法28条の「団結権」の主体は、労働組合であるといわれています。そうであるならば、労働組合以外の労働者の団体を組織することは、憲法28条に抵触するのではないかという議論があるためです。要するに、労働組合活動の妨害禁止規定は、労働者代表制が憲法28条に抵触しないための措置でもあるということです。ただ、この問題は奥が深く、労働者代表制は憲法28条ではなく27条2項の勤労条件法定主義に立脚するので、そもそも28条には抵触しないという説や、労働者代表制に対しても憲法28条の労働基本権の保障が及ぶという説もあります（大内2001：262）。極めて専門的な議論になるため、本書ではこれ以上立ち入らないこととします。

　次に、労働者代表制が労働組合法と抵触するかという問題です。労働組合法7条3項では、「労働者が労働組合を結成し、若しくは運営することを支配し、若しくはこれに介入すること、又は労働組合の運営のための経費の支払いにつき経理上の援助を与えること」を不当労働行為として禁じています。

　労働者代表制を法制化することによって、わざわざ苦労して労働組合を作らなくても、労働者代表制があれば代用できるとして、労働者が労働組合を結成しようとする動機を、事実上阻害してしまうのではないか。それが、労働組合法でいうところの支配介入にあたらないかという議論です。ちなみに、アメリカでは支配介入に対して厳格な対応を取っており、従業員参加型の機関について、その設置と運営にかかわった使用者の行為を不当労働行為と認定し、解散等を命じています。日本においては、現行の労働組合法が1949年に改正される前に、1947年制定の労働基準法で過半数代表者が規定され、すでに法律上の制度として運用されていたことから、過半数代表制が違法とされなかったという経緯があります。つまり、労働組合以外の労働者の組織が支配介入と見なされない実態があるために、労働者代表制の適法性が確保されたということになります（小嶌典明2000：53〜55）。

Q5

昔はなかったの?
外国にはあるの?

労働者代表制というのは、最近の
考え方にもとづく制度だと思うのですが、
いつごろから議論されだした
制度なのですか?また、諸外国に
もある制度なのですか?

A5

　労働組合とは別の従業員を代表する組織というのは、実は日本に戦前からある制度なのです。ここでは、主に木元教授の『労働組合の「経営参加」』によりながら、まとめてみたいと思います(木元進一郎：1970)。
最初に、戦前からあった日本の制度の前に、欧米の状況について触れてみます。各国とも従業員を代表する組織は「工場委員会」といわれていました。
　まず、ドイツにおける工場委員会は、1861年に紡績工場において初めて設置されました。
　フランスでは、1884年に労働組合が法的に認められ、その勢力を急速に拡大し労資の対立が激化します。そうした背景の下、1885年に工

場委員会が設置されました。

アメリカにおいては、1904年に最初の工場委員会が設置され、その後、被服製造会社（1911年）、ピアノ会社（1913年）へと拡大。それらは「従業員代表制」、「工場会議」ともいわれ、個別企業内の「会社組合」の役割を果たしたといわれています。

次に、労働者の代表だけで構成される委員会については、ドイツで1920年に、ワイマール憲法にもとづいて制定された「経営協議会法」に規定されています。この経営協議会は、従業員20名以上の企業に適用され、その機能としては、「従業員の利益擁護に関するもの」と「経営協力に関するもの」に大別されます。

従業員の利益擁護に関しては、「労働協約に抵触しない範囲で就業規則や勤務規定を使用者と協働して作成・改変すること」や「従業員の危険防止、衛生、福利施設の管理」、「苦情処理」などが定められていました。

また、経営協力に関しては、「能率増進のための助言」、「新作業方法の導入に関する協力」などが規定され、さらに、「経営参加」に関する機能として、「監査役会への従業員代表の参加」、「営業状態についての諸報告や貸借対照表の提出・説明の要請」などが行われていました。

さて次に、日本の戦前の従業員を代表する組織についてです。歴史的には、欧米と同様に「工場委員会」として発展してきました。その背景には、他の資本主義諸国と同じように、労働運動の進展に伴う労使対立の激化があります。

日本における最初の従業員代表と呼べるものは、1896年、鐘淵紡績株式会社に組織された「職工懲罰委員会」であるといってよいでしょう。この委員会は、「職工の懲罰事案は、必ず職工の互選になる職工側委員を交えたる委員会に於いて、審査決定すべし」という理念に基づいて設置されたものでした。

ついで、労働争議の解決のための資本による手段の1つとして、淡

陶株式会社で組織された「賃銀問題の協定機関」をあげることができます。その後、多くの「経営参加（従業員代表組織）」の諸制度が設置され、1896年から1924年までの約30年間で、155の組織が設置されています。

　こうした組織の中で、労使双方を構成員とするものとして、「日清印刷株式会社工務協議員会」、「日本電線製造株式会社尼崎工場協議会」をあげることができます。また、労働者委員のみで組織したものとして、「国鉄現業委員会」、「三菱鉱業牧山骸炭製造所協励会」、「株式会社秀英社工場協議員会」があります。

　制度の具体的な内容を見てみると、「例えば『株式會社大阪鐵工所本社工場懇談會規程』では、委員38名中で、会長指名の者が10名、工場在籍職工の直接無記名投票により選出される者が28名となっており、構成委員の半数以上が従業員の直接選挙で選出される制度もあった。

　また、『株式會社久保田鐵工所機械部工場委員會規程』では、工場委員会の諮問調査審議事項として「物価指数に順応する一般的最低賃金の増減」が含まれている等、労働者代表が労働条件決定にも参与していた」（古川景一・川口美貴2011：14〜15）といわれています。

　第1次世界大戦後の経済恐慌は、日本資本主義史上初の大衆失業を生み出したといわれ、労働組合運動も先鋭化していきます。そうした中で、1921年6月18日、湊川勧業館で開催された大阪の労働争議支援のための第3回労働者大会において、「労働組合を基調とする工場委員制度の実現を期す」との宣言が決議されました。これまで工場委員会などの制度は、どちらかといえば資本家の要請から労務施策上の意思疎通機関として設置されてきましたが、第1次大戦後の時期において、団体交渉権の獲得とあわせて工場委員会が労働運動の一環として取り上げられるようになりました。いわゆる下からの自主的な工場委員会です。

　1921年7月30日の『東京朝日新聞』の社説は、『団体交渉権と工場委員会制』と題し、「工場委員会は、労資と協調するための機関である。

すなわちそれは労働代表者と資本代表者とが相会して労働条件および工場の一切のことを評議するもので、これがあるために（中略）労資の関係は著しく緩和される」と主張しています。

1921年に設置された工場委員会数は45で、その取り扱い事項は、雇用条件と賃金を除いて、労働時間その他、保健衛生に関することと福利施設等です。

そうした中で、賃金交渉をする委員会も現れました。藤永田造船所の交渉委員会がそれです。藤永田造船所では、30数名の解雇事件を契機として激しい労働争議が行われ、その調停により結成された交渉団ですので、純粋に工場委員会そのものではありませんが、労働組合ではない交渉委員会であるところに特長があります。この交渉委員会の交渉範囲として、「船賃金の増減」、「作業時間の伸縮」、「保健、衛生、共済、その他職工全般の福利増進のためにする事項」が定められていました。

このように、世界恐慌による労働争議の増加を背景に、労使協調をめざす上からの「工場委員会の法制化」の議論が進み、1929年、「産業委員会法案」が、第56帝国議会に提案されました。

同法案では、労働者100人以上の企業に工場委員会の設置が義務づけられ、労働組合と工場委員会とは併存するものとされています。そこでは、次のように考えられていました。すなわち、「団体協約」は社会主義の精神に立脚した闘争手段であり、労使協調を破壊するものであるから、団体協約を排除して工場委員会を法制化し、労使双方の「意思発表」を通じて相互の理解を高めることが重要であり、労働組合を基礎とする産業委員会（工場委員会）の発達はあるが、団体協約権を産業委員会（工場委員会）に与えてはならない、というものです。

産業委員会法案には、使用者団体ですら批判的で東京実業組合連合会は、次の3点を反対理由にあげています。

第1に、工場委員会は自発的に設置すべきで、法律で一律に強制すべきではない。

第2に、産業、企業の現状からして時期尚早である。

第3に、労働運動に利用される危険性がある、というものでした。

　一方、下からの工場委員会も、労働運動の一環として取り上げられるようになったものの、結局は、労働組合の締め出しと労働争議の防止という役割を果たすようになり、その結果、労働組合の内部から工場委員会を返上する動きが出て、労働運動の第一線から消え去りました。

　工場委員会の数は、1921年に45件、1922年に21件、1930年には9件と、第2次世界大戦に向かう戦時体制の中で「産業報国会」に埋没し、従業員代表制である工場委員会の戦前の歴史は、ここに幕を閉じました。

　100年以上前の日本と欧米の労働者代表制の原型ともいうべき制度を概観しました。労働組合とは違うので、団体交渉はできないこと、もちろん争議権も持ちません。基本的には賃金を中心とする労働条件の交渉には関与しないこと。構成員については労使で構成する労使委員会と労働者だけで構成するものとがあること。労働者による自主的な組織より、法や経営側からの要請によるものが多いことなど、まさに現在議論している労働者代表制と全く同じ議論が100年以上前にすでに行われていたことになります。

　欧米においては産業別労働組合が、産業レベルで企業横断的に協約を締結して労働条件を設定し、企業レベルでは労働者代表制が労働協約以外の企業内に特化した協定を結ぶという棲み分けができています。それに対し日本では、戦時体制の産業報国会に労働組合も労働者代表制も吸収されて一旦消滅し、戦後、企業別労働組合として労働者の組織が復活したため、労働者代表制の制度設計が労働組合の機能と重複するため、その調整が非常に難しいものとなっています。

　そこで次に、このクエスチョンの後段である諸外国における労働者代表制について、ご紹介したいと思います。労働組合と機能調整が行われている大陸ヨーロッパのドイツとフランス、排他的な交渉代表権を労働組合に与えている中でのアメリカ、そしてお隣韓国の順で見てい

きます。

　なお、記述にあたっては、JILPTプロジェクト研究シリーズNo.2『労働条件決定システムの現状と方向性』第5章「主要国における労働条件決定システムと労働者代表制度」（上村俊一2007：278-315）を中心に、『労働法改革 参加による公正・効率社会の実現』第3章「労働関係法」（桑村裕美子2010：84-101）および『日本労働研究雑誌No.630』を参考にまとめました。

【ドイツ】

　ドイツの事業所内における労働者代表制度は、1848年の「営業法」に遡りますが、現行制度につながる事業所組織が導入されたのは、1920年の事業所組織法においてです。

　事業所委員は、4年に1回事業所内で実施される直接・秘密投票によって選出されます。満18歳以上の労働者に選挙権が与えられ、被選挙権は、勤続6か月以上かつ満18歳以上の労働者に与えられます。

　事業所委員会を設置する事業所の規模は、常時5名以上の選挙権を持つ労働者がいて、そのうち3名以上が被選挙権を持つ労働者がいる事業所ということになります。事業所委員の定数は事業所の規模に応じて1～30名超となっています。

　事業所委員会の権限については、個々の労働者からの苦情処理や締結した協定の監視などの一般的任務のほかに、企業に対して共同決定権を持つことが大きな特長です。共同決定権は「社会的事項」、「人事的事項」、「経済的事項」に大別され、労働時間や賃金支払いの方法、解雇を行う場合の人選指針の作成、事業所の縮小・閉鎖などについて共同決定を行います。

　つまり、以上に述べたような事項について、事業所委員会の同意がなければ使用者は、いかなる措置もとることができないということです。

　共同決定の結果締結される協定が事業所協定ということになります。ただし、労働条件の規制に関しては、事業所委員会よりも労働組

合が優先されることが法律で規定されていますので、事業所委員会が
締結する事業所協定は、労働協約で規制されているか、あるいは規制
されるのが通常の労働条件である事項については、事業所協定を締結
することができません。

　次に、事業所委員会の活動保障についてです。委員には「有給の活
動時間保障」、「就業時間外の職務遂行を要する場合の労働免除」、「任
期中および任期満了後1年まで、当該事業所で比較可能な労働者の賃
金を下回ることのない保障」、「活動に必要な知識を得るための教育研
修を有給で受けることができる」等々の活動保障があります。

　また、事業所委員会に対しては、「任務遂行のために使用者から包
括的に情報提供を受ける」、「任務に必要な限りで専門家の援助を受け
る」、「必要な範囲で使用者から部屋、物品、情報、通信機器および事
務担当者を提供される」、などの保障があり、さらに、事業所委員会
の活動費用はすべて使用者負担となっています。

【フランス】

　事業所から見たとき、フランスの労使関係はかなり複雑で、まず、
労働組合組織として組合支部と組合代表員がおり、そこに従業員代表
制として企業委員会と従業員代表委員会があります。従業員代表制に
絞って説明します。

　まず、企業委員会は、企業運営についての諮問機関という位置づけ
になり、従業員代表委員会は、苦情処理機関ということになります。
フランスの従業員代表制度の起源は19世紀末まで遡りますが、現在の
制度につながる法制は1936年に従業員代表委員の制度が立法化された
ことによります。なお、現在の企業委員会は1945年に、従業員代表委
員会は1946年に立法化されました。

　従業員代表委員は、11名以上の企業に設置が義務づけられています。
従業員代表委員は4年ごとの選挙で選出されます。その任務は、賃金
その他労働条件に関する個別的な苦情処理です。ただし、ここでいう
苦情とは、法令等に規定された諸条件の「運用」についてであり、「改

善」を要求することはできません。諸条件の改善は労働組合の権限に
なるからです

　従業員代表委員には、活動保障時間が与えられているので、仕事場
を離れたり、企業内外を移動したり、いつでも従業員と連絡を取った
り、事務所に集まったり、掲示あるいはビラ配りをすることができま
す。また、特別の解雇規制を受けることができます。

　次に、企業委員会です。50名以上の企業で設置が義務づけられてい
ます。労働者だけでなく、使用者側も構成員となっています。主とし
て福利厚生の管理運営、労働条件、企業の経済的状況等の諮問機関と
して機能しています。

　具体的には、「新技術の導入や他企業との合併、買収、子会社の譲
渡などの協議」、「労働者の解雇についての協議」、「教育訓練や研修生
に関する協議」などです。

　労働者側の委員の選出については、4年ごとに当該企業で行われる
従業員による選挙で選出されます。なお、委員会の委員長は、企業の
代表者です。企業委員会の会議は毎月1回労働時間内に行われますが、
150名以下の企業の委員会は2か月に1回となります。

　活動の保障についてですが、時間内活動の保障があり、特別の解雇
制限もあります。また、企業委員会の運営については、必要な費用に
ついて使用者の補助によって賄われます。それには人件費、書類作成
費、通信費、移動費、専門家の時給などが含まれ、また、常設の事務
所と必要な器具を供給しなければならないことになっています。

　労働条件をめぐる労働組合との調整については、労働協約を締結す
る権限は労働組合にのみ認められており、企業内の従業員代表には、
原則として交渉権限がありません。しかし、組合組織率が低下する中
で、組合代表委員が存在しない企業において、労働協約が認める場合
には企業委員会委員または従業員代表委員も協約交渉・締結を行うこ
とができるようになっています。

59

【アメリカ】

　アメリカでは、世界恐慌を背景に労使対立が激化したとき、使用者が御用組合を利用して労働組合に対抗したため、全国労働関係法で御用組合を「禁止」しています。また、労働条件については、原則個別交渉であり例外的に団体交渉で決定されることになります。そして、労働組合が団体交渉を行うには、労働者の投票等により、排他的交渉代表権を獲得しなければなりません。そのような歴史的経緯から、使用者が主導した、いわゆる上からの従業員代表制度は不当労働行為として禁止されています。

　しかし、労働組合の組織率の低下に伴い、労働組合に代わる従業員代表制の必要性が指摘され、違法とされる可能性が高いにもかかわらず、従業員の声を反映する制度が広く導入されています。

　第1に「自己管理チーム」です。現場レベルの数人の労働者で構成し、日常業務の問題について集団的な決定をする権限を与えられています。

　第2に、「従業員行動委員会」です。労働者の小さなグループで、労働に関連した諸条件について経営側への勧告を作成するにあたり、労働者を代表します。

　第3に、「労使協力委員会」です。経営側と労働組合役員からなる委員会で、主として団体交渉関係に関する一般的事項、労働条件、安全、職場環境等の特定の事項を論じるために設置されました。この制度は、より頻繁に、非公式な議論を交わす点で団体交渉とは違っています。

　第4に、「職場横断的従業員協会」です。これは、職場中心ではない労働者のメンバーシップ組織で、訓練の促進、ネットワーキング、人的資本の涵養を目的としています。

　アメリカは自主・独立の国ですから、社会保障ではなく雇用が中心的な収入・福利厚生獲得の源となります。その意味で、企業内での労働条件の設定にかかわる従業員代表制は、極めて重要であるといえます。また、経営者の視点からも、現場の情報や職場規律の維持、職場の一体感や生産性の向上など、従業員代表制の持つ利点は、はかり知

れないものがあります。しかし、現在の法制度の下では、多くの従業員代表的な組織が違法とされる可能性が極めて高い状況にあります。従業員の声または参加よりも、自主的な組織または労働者の自治を重視している全国労働関係法は、従業員代表制が労働組合の団体交渉と目的・論理を共にするという考え方から、現在、法改正が求められています。

【韓国】

韓国の職場における労働者組織として「労働組合」、「労使協議会」、「労働者代表」の3つをあげることができます。

まず「労働組合」ですが、韓国では、もともと労働法制が日本法をベースに策定されていることもあり、労働組合についても日本と類似しています。組織率は2010年段階で9.8％と、日本より低い状況にあり、他方、1990年代後半の経済危機によって企業別労働組合の弱さが明らかとなりました。この10年間で、労働組合は企業別組合から産業別組合へと大きく転換し、かつて90％以上の組合が企業別であったのに対し、2009年には、産業別組合の組合員が全労働組合の組合員の52.9％を占めるまでになっています。

次に、「労使協議会」です。「勤労者参加および協力増進に関する法律」で規定され、1980年代に導入されました。政府の意図は、労働者の集団的意見表明を抑圧することであり、既存の労働組合の活動を冷却させること、つまり、労使協議会は労働組合の代替機関として位置づけられていました。1997年の法改正により経営参加的要素が強化されて、設置率は70％以上。500名以上の事業所の場合は95.1％となっています。

労使協議会の構成は労使同数とし、その数は3人以上10人以下と規定されています。労働側委員は直接・秘密・無記名投票で選出され、過半数組合がある場合は、その過半数組合の代表者および当該労働組合が委嘱する者を、労使協議会委員とします。主な機能としては、労使協議会の目的が「労働者と使用者の双方が参与と協力を通じて労使

61

共同の利益を増進すること」であり、そのことから、「生産性向上と成果の配分」、「賃金の支払い方法や賃金構造、賃金体系などの改善」、「従業員持株制や労働者の財産形成に関するその他の支援」などとしています。

労使協議会と労働組合の関係は、労使協議会の活動が労働組合の憲法上の権利を侵害しないように「労働組合の団体交渉やその他のすべての活動は、この法律により影響を受けない」と規定しています。さらに、労働組合は、労使協議会の労働側委員を指名する権限を持ち、事実上、労働組合が労使委員会を支配する傾向にあります。

最後に、「労働者代表」です。これは、日本の過半数代表者にあたります。勤労基準法に基づき、整理解雇時の使用者との協議、労働時間などに関する使用者との間での書面による労使協定を締結するために導入され、個々の事項限りで労働者を代表する制度です。特長は、常設の機関ではないという点で、労働者代表は、法律に規定された事態が発生する場合にだけ「作動」する一時的な機関です。選出方法については「労働者の過半数で組織する労働組合がある場合には、その労働組合（労働者の過半数で組織する労働組合がない場合には、労働者の過半数を代表する者。以下、「労働者代表」という）に通知し、誠実に協議しなければならない」としています。

これらの制度には、次のような問題が指摘されています。まず「労働組合」は、雇用形態の多様化や労働条件の個別化による組織率の低下、賃上げより雇用を優先せざるを得ない経済情勢などによる求心力の低下など。次に「労使協議会」は、形式的な存在に過ぎない場合が多く、過半数労働組合が優先的に委員を決定することが妥当なのかという問題。そして「労働者代表」は、選出手続きなど制度の不備、労働協約と競合した場合の優先適用範囲などが問題となります。

韓国では、そうした問題を解決するために、全従業員の利益を代表する従業員代表制が議論されており、労働組合の代表は、労働組合の権限が労働組合以外の機関と調和するよう努め、すべての労働者の利益と権利が公正に代表されるようにしなければならないとしています。

Q6

労働者代表制はどんなことをするの?

労働者代表制の導入が法律で決まったとしたら、
労働者代表委員なり、労働者代表委員会は、
日常的にどのような仕事をするのですか。
会社から貸与された事務所を構え、
複数の労働者代表委員が
会社の仕事以外に労働者代表としての
仕事をするということですよね。

A6

　労働者代表委員が何人になるかは、事業場の規模に応じて比例配分することになっていますが、その基準についてはまだ決まっていません。また、男女比に応じた選出や、正社員・契約社員・パート・アルバイトなど、雇用形態別の按分なども議論されていますが、これも結論はでていません。10名以上の事業場に労働者代表委員会を設置することになっていますが、小規模事業場の場合は、そもそも選出人数が少ないので、比例按分に意味がないかもしれません。それよりも、いかに多くの労働者から支持されて選出されたのか、つまり、代表としての正当性の方がより重要になるのだろうと思います。

労働者代表委員の仕事は、基本は法律で決められている労使協定の締結、および意見聴取事項ということになります。

　当初、労使協定事項は、労働基準法36条の時間外協定や18条の社内預金に関する協定、あるいは24条の賃金控除協定くらいでしたが、その後、労働時間法制が弾力化されて変形時間制等が導入され一気に広がりました。

　さらに、安全衛生や雇用保険の分野、企業年金法や介護保険法、育児介護休業法にまで広がり、現在100を超える項目にのぼっています。一方、意見聴取については、これも最初は、労働基準法90条の就業規則の作成・変更の際に意見聴取を行うという規定くらいでしたが、会社法、民事再生法、パート法にまで広がり、意見聴取だけでなく「預金保全委員会」等における、委員の推薦や指名にまで機能が拡大しています。こうした膨大な数に及ぶ労使協定等の締結業務が、労働者代表委員の日常業務のひとコマということになります。

　そこで、具体的なイメージがわくように、時間外協定である36協定を例にとってみたいと思います。

　まず会社から1日、1か月、1年の時間外労働時間を、何時間で協定するかの提案があります。そこでは、時間外労働を行わなければならない業務の種類やそこに従事する労働者の人数も決めることになります。労働者代表委員会は、会社から提案された内容を正確に把握し、その上で、現場実態や労働者の要望などを勘案して、適正な判断を下すことになります。

　36協定の締結を行ったならば、その内容を全従業員に知らせなければなりません。掲示板に広報用のビラを貼りだすのも1つの方法でしょうし、労働者代表委員会として広報紙を発行することもあると思います。そうした広報ツールの作成も、労働者代表委員は行うようになります。

　ところで、36協定の締結をするために全従業員から意見を集約するには、どのような方法があるのでしょうか。一般的には、職場集会の開催だと思います。労働者代表委員会としては、その職場集会をい

つ・どこで・何時から何時まで・誰が何を話し、どのように意見を集約するのかという一連の流れを計画しなければなりません。それも労働者代表委員会の重要な仕事になります。

さて、36協定を締結した後は、締結した協定が職場で守られているかを点検しなければなりません。労働者代表委員会が常設機関であるため、こうしたモニター活動が可能になります。職場点検を実施することで、協定内容に不具合が発見されれば、改善点などをめぐって会社と協議をすることになります。

こうした協定が100以上もあり、加えて意見聴取にも対応しなければなりませんので、労働者代表委員会の業務量は、想像以上のものになると思います。事実、欧州では時間内活動の賃金が保障されるだけでなく、従業員代表組織に、事業場の従業員から専従者を置いている国もあります。

以上、36協定を例に労働者代表委員会の業務内容を具体的に見てきました。36協定ですから、法定基準を解除する機能だけですが、これだけでも、これが実現すれば、日本の職場環境は大きく変わるのではないでしょうか。

まず、現行の過半数代表者と違って、民主的な手続きに則って労働者代表委員が選出されますし、労使協定については、何をどういう理由で協定し、協定締結の結果どういう影響があるかを事前に検討し、常設の機関なので締結した後、きちんと運用されているかのモニター（監視）ができます。しかも、締結する前に、職場集会を通して多様な雇用形態の従業員に意見を聞く機会もあります。こうしたことにより、職場の風通しが格段に向上することと思われます。

ところで、36協定を締結すること自体は、法定基準の解除です。しかし、協定するときに、何時間で協定するのか。対象の職種や人数はどうするのかとなると、広く従業員の意見を集約した上で判断しなければなりません。実は、このことは、すでに労働条件の設定に踏み込んでいるといえるのではないでしょうか。

たとえば運輸業の職場では、こんな事例もあります。会社が月間の

時間外労働時間を128時間で提案してきました。まず、一般の業種の方には、なぜそれだけの時間の会社提案があり得るのかという疑問を持たれるのではないかと思いますので、その説明からはじめます。36協定で定める延長時間には限度時間が決められており、1か月で45時間です。運輸業でよく利用する1年単位の変形労働時間の場合は、1か月42時間になります。ただし、特別条項つき協定というのがあり、臨時的に限度時間を超えて時間外労働を行わなければならない特別の事情が予想される場合は、「労使の協定」をへて、年間6回まで限度時間を超えての時間外労働が可能になります。これは限度時間規制の「抜け道」であり、36協定があっても、事実上は「青天井」だといわれる理由がここにあります。ところが、自動車の運転業務については「抜け道」どころか「別の道」が用意されており、それが限度時間の「適用除外」です。つまり、そもそも限度時間が適用されないのです。したがって、当該労使の合意があれば何時間で協定しても構わないという仕組みになっています。ですから、この会社の例でいうような時間が提案される現実があるのです。

　この事例で労働組合は、当然のことながら過労死認定基準を超えるような時間外労働は認められないとして拒否しました。このように、労働組合の場合は、スト権を背景に突っぱねることができます。しかし、労働者代表委員会には、当然スト権はありません。ではどうするのか。その場合は、協定の締結を拒否すればいいのです。拒否すれば時間外労働そのものができなくなりますので、会社としては労働者代表委員会が容認するレベルまで妥協せざるを得なくなります。締結を拒否することで会社から睨まれても、会社はそれを理由に労働者代表委員に不利益な取り扱いをすることはできない規定になっています。欧州だと、任期中、およびその後1年間は給料を下げられない仕組みがあるほどです。

　しかし、締結拒否の戦術が通用するのは、実は限定的です。たとえば、高年齢雇用安定法が改正される前は、継続雇用する対象労働者の基準を「労使協議」で決定することができました。この場合は、労使

の意見が対立したとき36協定のように「締結しない」という戦術は取れません。締結しないと継続雇用そのものができなくなる恐れがあるからです。しかし、どうしても選別基準に納得がいかないという場合、労働組合であれば団体交渉で解決することは可能ですが、労働者代表委員会には団体交渉権がありません。ドイツでは、そのようなときに仲裁委員会があり、さらには労働裁判所に提訴することができます。これについて連合案では、紛争の調整は都道府県労働委員会が取り扱うことになっています。

　これまで、繰り返し述べてきたように、労働者代表委員会の業務・権限については、基本的に労働条件を設定する機能はもたせないことになっています。なぜなら、日本の場合、企業別労働組合が主流ですから、労働組合の機能と重複してしまいます。重複するならば、労働組合はいらないということになりかねません。同じことをするのに、2つの組織があって片方は組合費をとられ、もう片方には費用負担がなく、しかも会社から便宜供与もあるとなれば、誰も「組合に入ろう」、「組合を作ろう」とはしなくなるからです。

　しかし、本当にそうでしょうか。労働組合のない中小企業を考えてみてください。とりわけ運輸業では、賃金制度が確立していない会社が多く、一旦決まった賃金を、社長が従業員に何の相談をすることもなくカットするケースも多々見受けられます。「それがいやなら辞めろ」というわけです。

　そういう中で、経営計画、労働時間、福利厚生、休日・休暇など、賃金以外の労働条件、労働環境の整備などについてであっても、社長と話し合う場が持てることは大前進なのです。その上に、賃金・一時金についても労働者の意見を直接会社・社長に伝えることができれば、それは大きな改善なのです。つまり、中小企業ほど、賃金を含む労働条件設定機能が切実に求められているということではないでしょうか。

　そうでなければ、36協定を結んだとしても、残業時間、適正人員、賃金体系をセットで議論できなければ、労働者代表委員は、ただハンコをつくだけの要員になってしまいます。もっといえば、労働者代表

委員会に労働条件設定機能を認めないのは、労働組合のない多くの職場の労働条件は、使用者が一方的に決めてよいといっているのと同じことになります。

では、どこで労働組合と一線を画すのか。それは団体交渉権であり、スト権、労働協約締結権ということになると思います。労働者代表委員会でも、会社と渡り合うことはできる。しかし、さらに高次元の交渉をして労働者の要求を勝ち取るためには、どうしても労働組合でないとできない。そのことに労働者自身が気づき、労働者代表委員会を労働組合に切り替えていこうという契機になれば、これほど喜ばしいことはありません。

ただし、労働者代表委員会が、労働組合の活動を阻害しないようにするためには、労働者代表委員会が団体交渉権、スト権、労働協約締結権を持たないだけでは十分ではありません。より直接的に（労働組合の優先という表現よりも強い）「組合活動妨害禁止」規定と「産業平和条項（争議行為はできないということ）」を条文に明記することが必要であると考えます。

また、仮に労働者代表委員会が、会社と労働条件の設定について話し合えることになった場合、会社は財務資料を提示しなければ、労働者代表委員会はそれについて適切な判断することができません。したがって、より明確に、より直接的に、労働者代表委員会に会社に対する「資料請求権」を与え、会社には労働者代表委員会に対して「財務諸表開示義務」を負わせなければなりません。

これについては、お隣の韓国に良いお手本があります。Q5でも触れた「勤労者参加および協力増進に関する法律」の第14条（資料の事前提供）に、「…会議の開催前に、使用者に要求することができ、使用者は、これに対し誠実に従わなければならない」と規定しています。労働諸法規等に定められた、法定基準解除機能としての労使協定の締結に必要な資料・情報と、労働条件設定にかかわる資料・情報は自ずと異なるわけですから、これなどは、今後、労働者代表制が法制化されるときに、ぜひ参考にしたいものです。

Q7

これはいい制度なの？
デメリットはないの?

実際に労働者代表制が始まったら、
働く者にとってはいい制度といえるのですか。
労使協定で労働者に不利になるような
ルールが締結されて、結局会社だけ
得をするような気がするのですが。

A7

　2016年6月における労働組合の組織率は17.3％です。一貫して下がり続けています。組合員が増えても雇用労働者数自体が増えているので、計算上、分母が大きくなりその結果組織率が下がっています。近年は、組合員数そのものが減少傾向にありましたが、2015年、16年と増加に転じています。しかしながら、この現状を働く側から見れば、8割を超える労働者が、労働組合の恩恵にあずかっていないということです。労働組合の恩恵というのは、労働法規で労働条件の最低基準を定め、それより上の労働条件は労働組合が団体交渉の中で勝ち取り、労働協約で組合員にその労働条件を保障するということです。労働組合がないということは、労働条件について、法で定めた最低限の基準でしか守られていないということを意味します。

ですから、労働組合に比べて不十分とはいえ、労働者代表制という労使交渉の仕組みが、会社の中にできることは、間違いなくそこで働く労働者にとっていい結果を生むことになるでしょう。しかし、だからといって手放しでは喜べません。労働者代表制という「制度」ができただけで、自動的に労働者にとってプラスとなる労使交渉が保障されるわけではないからです。

　その意味で、「労使協定で労働者に不利になるようなルールが締結されて、結局会社だけ得をするような気がする」という指摘は、決して取り越し苦労とはいい切れないのです。では、そうならないためには何が必要でしょうか。わたしは労働者代表委員になる人の「自覚」、「志」ではないかと思っています。

　これには少し説明が必要かと思います。大正4年に発刊された『職工組合論』に労働組合の起源についての記載がありました。ちなみに職工組合とは労働組合のことです。

　いわく、「職工は一生を賃銀労働者として送らざる可からざりき。(中略) 此等の事情により終身労働者発生せば機械なしと雖も工場存せずと雖も職工組合成立の素地は乃ち成りたるなり。而して之を事実に懲するも英国に於ける職工組合は工場組織に先つこと半世紀にして既に存したりき。」

　ここでいっているのは、工場制機械工業が発生したから、自動的に労働組合ができたわけではなく、労働組合が成立するには、賃金労働者階級が発生すれば足りるということ。一生を賃金労働者として送らなければならない「終身労働者」が発生すれば、それによって労働組合が成立する素地ができるのであって、事実、英国における労働組合は、工場組織に半世紀先立って存在していたということです (山縣憲一1915：28)。

　しかしながら、賃金労働者が発生すれば自動的に労働組合が発生するかといえば、決してそうではなく、それには「労働者の自覚」が必要だとしています。そして、その「自覚」とは労働者階級としての自覚であると述べています。

70　Q7 これはいい制度なの? デメリットはないの?

少し長くなりますがその部分を引用します。「職工組合の発生には賃銀労働者の存在を前提とするも、賃銀労働者存在すれば則ち直ちに職工組合生ずと速断すべからず。職工組合の成立には尚一の條件を要す。労働者の自覚是なり。若し労働者にして其の階級に共通なる運命を自覚せず、現経済組織の大勢に醒めずして猶自ら企業者たるを得るを夢想するか、若しくは全然自己の地位を顧みることなく酔生夢死の生活を送らんには職工組合の発生することあり得べからざるなり。是れ欧米諸国に於いて下級賃銀労働者の間に之を組織することの困難なる所以の一にして、又日本において其の未だ見るに足るものなき最大の原因に非ずや。更に自覚は此意味においてのみならず、より廣きより深き意味に於て必要なり。人格の白覚即ち是なり。(中略)雇主を看ること封建君主の如くにして所謂主従の温情に曳かれ唯々として其の與ふる労働條件を認容し、自己の権利を主張せざるを以って職工組合の如く雇傭條件の決定に就き雇主と平等の地位を得るを目的とする團體の生ずる理由なきなり。(中略)之に由り吾人は職工組合は自己の地位を自覚せる賃銀労働者が其の労働者としての利益を擁護する為め組織せる團體なるを知るなり。」(山縣1915：29)

　わたしは、格調高いこの文章に大変な感銘を受けました。特に「雇い主をみること封建君主のごとくにして、いわゆる主従の温情に引かれ、いいとしてその与うる労働条件を認容し、云々」は、現今の日本の労働環境と極めて類似しているといわざるを得ません。100年の時間の経過があるとは思えないくらいです。だからこそ、労働者代表制が真に労働者のために機能するには、労働者代表委員となる人の自覚、志が重要になると思うのです。

　ここまでいうと、「では労働組合を作ればよいではないか」という話になるかと思います。確かにそうなのですが、現実問題として一気にそこまではいかないだろうと思っています。

　その理由は、労働組合結成のハードルが高すぎるということです。もちろん、労働組合を作ることだけなら何の造作もありません。2人以上いれば規約をつくって、結成大会を開き、会社に結成通知と団体

71

交渉の申し入れをすればいいだけのことです。ハードルの高さとは、労働組合結成後の運営の難しさ、厳しさのことです。基本的に会社は労働組合を歓迎しませんので、陰に陽に労働組合の組織運営に圧力をかけてきます。あからさまな不当労働行為もあれば、不当労働行為に該当しない外観を巧妙に装いながら、実質的な不当労働行為を働くこともあります。会社の意向を忠実に反映する第2組合を、会社主導で結成することもあるでしょう。いってみれば労働組合とは、会社組織の中に会社のコントロールが効かないもう1つの組織があるということです。それを認めることが民主的な会社の証しなのですが、労働組合のない企業、とくに中小企業にとって自分の会社に労働組合ができることを「飼い犬に手を噛まれる」と捉える経営者が少なくないのです。

　もう1つのハードルの高さは、労働組合の組織運営費について、会社は一切支出してはならないとする現行労働組合法の原則です。企業の外に労働組合を組織し、産業別の労働組合と業界団体で労働協約を締結して、企業の外から企業の労働条件を規律する欧米と違い、日本は企業内労働組合です。企業内の労働条件についての企業別労働協約を結んで、企業内部の労働者の労働条件を規律します。

　これは労働者代表制の仕事を、労働組合が行っているといってもいいでしょう。それにもかかわらず、労働組合への経費援助はすべて不当労働行為とされますから、組合執行部の労働組合の諸活動は、就業時間外や休日あるいは有給休暇をとって行うようになりますし、活動に必要な経費はすべて組合費で行い、足りなければ自費でまかなうようになります。大企業の安定した労使関係であれば、慣例で様々な取り扱いや便宜供与もありますが、会社の理不尽な経営姿勢に異を唱えて正義感から労働組合を結成したような場合は、大なり小なりいま述べたような現実があるのです。これが労働組合を立ち上げることのハードルの高さです。

　したがって、労働組合に対し、少なくとも労働者代表制で予定しているのと同レベルの便宜供与をすべきだと考えます。当然、労働組合

法の改正が必要になりますが、この問題は労働者代表制を論じるにあたって、絶対に避けて通ることはできません。労働組合に対する便宜供与の法制化によって、組合費を下げる労働組合もでてくるのではないかと思います。

　話を元に戻しますと、現状では、労働組合結成のハードルが高いがゆえに、労働者代表制の法制化は極めて必要性が高いということです。会社にだけ得をさせないために、労働者代表委員の選出にあたっては民主的な手続きを取ることと同時に、労働者代表委員の選挙を通して、立候補者の自覚、志を見極めていくことが大事だろうということです。

　ところで、大雑把ないい方で大変恐縮ですが、「労働」に対して欧米では「苦役」という語感があるのに対し、日本では「自己実現の手段」という捉え方ができるのではないかと思います。働くことに一種の「人生修行」的な側面を見いだすことは、現場における創意工夫や、前後の作業工程に対しても関心を払うことなど、QCサークルに代表されるような「経営参加」に親和性があるのではないかということです。その意味で、直接的な経営参加である労働者代表制に対し、本質的には欧米よりも日本においてこそ受け入れる素地があるのではないかと思えてなりません。

　そこで次に、実際にこの制度が導入されるとなったとき、「労働組合の皆さんは賛成なのですか」という質問もあるかと思います。これについては、率直にいって賛否両論があります。労働組合結成の足がかりになるので賛成だという意見と、この制度を入れてしまったら、労働組合不要論につながってしまうので反対だという意見です。実は、わが産別の運輸労連でも両論があり、約1年かけて議論を積み上げ一定の方向性を確認するに至りました。結論部分をご紹介します。

73

○労働組合の組織率が2割を切っている中で、すべての事業場に労使交渉を行う組織を確立することは極めて重要である。また、急増する非正規労働者の意見を反映させるためにも、すべての労働者の意見を集約する機関は必要である。そのために労働者代表制は有効な制度であり、労働組合結成の足掛かりにもなる。

○その一方で、運輸産業は小規模、荷主従属的、ワンマン経営者の多い業界特性であることを考えると、労働者代表制は、会社の傀儡組織となる可能性が高いことから法制化すべきではない、との意見にも留意する必要がある。

○したがって、労働組合権が侵害されないことを前提に制度の構築がはかられるべきである。加えて、少数組合の代表を労働者代表委員とみなすこと、企業に対する財務諸表開示義務、労働組合活動妨害禁止規定を設けること等も検討課題である。

○今後、連合での議論を注視していくとともに、法制化に向けては、基本的に賛成の立場で議論に参加していくものとする。

実際に導入してみなければ、賛成派、反対派、どちらが想定する状況になるかはわかりません。しかし、この労働者代表制を入れなければ、日本の労働の現場は変わりません。そうであるならば、導入にあたって懸念される事項に対処した上で、導入に踏み切る判断しかないのではないかと思います。

導入にあたっての留意点として、過半数に満たない労働組合、いわゆる少数組合への対応について考えてみたいと思います。濱口先生が指摘するように、労働組合はあるが、その組合が過半数を獲得していないという場合、その理由は2つあって、1つは会社の圧力、もう1つは組合自体が多くの労働者の賛同を得ていないという場合です。最初のケースであればその組合を核として労働者代表制を作ればいいし、後のケースであればその労働組合とは別に、労働者代表制を立ち上げ

ればいいということになります。ただし、現にある少数組合がどちらなのかを客観的に判断する基準はありません。そうであるならば、どういう少数組合であろうと一律に対応するしかないという結論になります（濱口桂一郎2015：39-40）。

　少数組合についてのもう1つの視点は、企業内に複数組合がある場合です。少数組合同士であれば先ほどと同じです。問題は1つが過半数組合で、もう1つが少数組合の場合です。これは自分がどちらの組合かで立場が変わります。過半数組合から見れば、できるだけ少数組合の影響力を抑えたいでしょうし、少数組合から見れば、労働者代表委員会の中でできるだけ影響力を発揮したいと考えるでしょう。これについても自分がどちらの組合に属するかで基準を変えることはできませんので、客観的に過半数組合であるか否かで基準を適用するしかないと思います。

　そう考えると、どんな状況であれ少数組合に対しては一律の対応しかなく、それは具体的にいえば、少数組合の代表に労働者代表委員の選出にあたり、候補者名簿の提出権を与えるということになります。連合案の通りです。これによって推薦署名の必要がなくなります。また、少数組合には、労働者代表委員会の会議を傍聴することができるという規定も重要でしょう。

　導入にあたっての留意点のもう1つは、過半数労働組合が労働者代表委員会にみなされることに関してのものです。労働者代表委員会は、制度自体が事業場内のすべての労働者を代表する組織として設計されています。それに対して過半数労働組合は、事業場の過半数を組織してはいますが、組合員を代表する組織であって非組合員の利害を代表してはいません。その過半数労働組合に全従業員を代表する労働者代表委員会としての役割を担わせることができるのかという、いわゆる公正代表義務の問題です。ここを突き詰めると、「排他的交渉代表制」の議論につながるので、ここでは触れませんが、現実的な対応としては、すべての雇用形態の従業員が集まる職場集会で、それぞれの意見を吸い上げて会社との交渉に反映していくということになろう

かと思います。

　また、過半数労働組合が、公正代表の正当性を確保するためには、現在、多くの組合で非組合員となっている管理職や非正規労働者の組合加入が喫緊の課題であると思います（濱口2015：33）。このことは、自主的な結社である労働組合に、企業内意思決定への関与という公的、社会政策的な任務を負わせるということになるので、当然ながら労働者代表制に与えられる便宜供与は、労働者代表委員会とみなされる過半数労働組合にも適用されるべきということになります。

　過半数労働組合が労働者代表委員会とみなされる場合、みなすのではなく、信任の選挙をすべきだという意見もあります。企画業務型裁量労働制が導入された当初、労使委員会の労働側委員について信任制だったことも議論の背景にあるのかもしれません。

　これについては、自主的に結成し、組合費の負担もある労働組合と、法律で全従業員の意見集約を義務づけられる労働者代表制とでは、代表することに重みの違いがあるわけで、労働組合が過半数を獲得するということ自体に、非正規も含めた従業員の理解を得た活動の証しであるという経営側の指摘もあります（季刊労働法216号＜座談会＞）。過半数を獲得していることに対する、こうした実態面での評価を考えれば、ただ機械的に公正代表であるか否かの次元を超えた正当性を、過半数労働組合に認めることができるのではないかと思います。その意味で、過半数労働組合に信任投票を課す必要はなく、全従業員への意見聴取義務を課すなど、手続的・技術的な方法により公正さを確保することで、過半数労働組合に対し労働者代表委員会と見なすことに何ら問題はないと考えます。

Q8

この制度が導入されると、
会社はどう変わるの?

労働組合のない会社は多いと思うのですが、
多くの会社でどうやって一気に導入
するのですか。この導入によって、
職場はどのように変わるのでしょうか。

A8

　労働者代表制が法制化されれば、会社の意向にかかわらず、当然の
ことながら社内に導入されるということになります。一般に法律が施
行されるときには周知期間を設けますので、厚生労働省もそれにあわ
せて導入のためのガイドラインを作成するはずです。ですから、それ
にもとづいて社内体制を整えるということになります。

　具体的には、労働者代表委員会としての規約等を作成しなければな
りませんし、労働者代表委員を選出するための選挙管理委員会の立ち
上げ、立候補するための推薦署名を集めることも必要になります。ま
た、労働者代表委員会として便宜供与を受けるにあたって、正式には
立ち上げ後になりますが、会社との事前の協議も必要かもしれませ
ん。

　このように、事前に準備することは山ほどあります。過半数労働組

合があるところは、そういった類の経験の蓄積がありますが、まった
く労働組合のない事業場の場合、そうした準備の手ほどきをする指導
機関がないと、恐らく多くの事業場で、準備が滞ってしまうのではな
いかと危惧されます。

　労働者代表委員会を立ち上げた後に、労使協定等を締結するにあ
たっての実務面での研修については、「日本労使関係研究会（JIRRA）」
が開催する研修を受けるなどの案はありますが、立ち上げるまでの準
備の指導については、具体案を聞いたことがありません。都道府県労
働委員会や労政事務所、労働局や労働基準監督署などの公的機関をは
じめ、産業別労働組合がその任にあたれるように、体制を整備するこ
とが重要だと思います。

　さて、いくつかのハードルを乗り越えて労働者代表制を職場に導入
した暁に、働く環境はどのように変化するのでしょうか。

　職場内に労使が話し合いをする仕組みができるので、従業員が納得
の上で働くことになります。したがって、生産性が上がるし、風通し
も良くなることが考えられます。では、本当にそうなるのか。これば
かりは実際に導入してみないと結果は検証できないわけですが、労働
者代表制の導入は労使協定締結の当事者を設定することだけでなく、
労使コミュニケーションの向上を通して、より良い職場環境の構築と
いう側面も、実は見逃すことができないのです。その意味で、労働政
策研究・研修機構の呉学殊・主任研究員がまとめた中小企業家同友会
加盟企業の職場の実態調査は、極めて興味深いものがあります。

　経営者団体というのは、一般に労働組合と親和的な団体ではありま
せん。その中で中小企業家同友会は1960年代に「労使見解」を公表し、
「従業員は大切な経営資源である」、「労使一体となって現実の社会の
荒波に立ち向かう」、あるいは「社員満足を高める大切な組織が労働
組合」と述べ、経営者団体としては異例ですが、労働組合に対して、
その存在意義を正当に評価している数少ない経営者団体です。

　呉先生が実態調査をされた中小企業家同友会に加盟している企業に
は、労働組合はありませんでしたし、もちろん労働者代表制もまだ法

制化されていないので存在しないわけですが、労使コミュニケーションが機能している同友会の職場の状況は、労働者代表制を導入した場合の職場のイメージと、重なり合うのではないかと思います。

事例1　製造業A社　従業員16名

　2011年まで同社の従業員代表は製造課長であった。同課長は、正社員中では一番の年長者であり大ベテランであったことから、従業員代表に最も相応しかった。そのため、社長が同課長に従業員代表になるように依頼した結果、代表になった。それについては、社長より従業員全員にその旨を伝えて、了承をえた。選出手続きは、特にとらず、「自然の流れ」として社員代表となった。

　2012年2月からは製造グループの係長が従業員代表となっている。それは、課長が定年退職を控えて社員代表を退きたいとの申し出があり、その課長に代わる新しい社員代表を選出した結果である。今回も特別な選出手続きよりも「自然と」そうなった。それは、同係長が実質上の社員リーダーであるからである。新しい社員代表は、36歳で勤続年数15年を数えており、同社の現場では中堅のトップとして社員が「一番こんな社員になってほしいモデル」の社員になっている。

　従業員代表は、従業員過半数代表として36協定（「時間外労働、休日労働に関する協定」）の締結、就業規則変更の際に意見書の作成等を行っている。最新の例でみると、就業規則は、2007年5月、意見欄に「特に在りません」という文言が記されており、労働基準監督署の受付日は、5月16日となっている。36協定の場合、2011年12月7日、協定が結ばれて14日に労働基準監督署に届け出ている。協定の内容をみると次のとおりである。協定適用期間は2012年1月1日から12月31日、時間外労働をさせる必要のある理由として「顧客の要望に応じる為、納期厳守の為」となっており、延長することのできる時間外労働は1日5時間、1か月42時間、1年320時間となっている。「ただし、通常の生産量を大幅に超える受注が集中し、特に納期がひっ迫したときは、労使の協議を経て6回を限度として」、1か月75時間、1年720

時間まで延長することができるとされている。

　上記の課長が、36協定、就業規則変更の届出の際に、従業員過半数代表としての役割を果たしているが、一般従業員は、それをどれほど認知しているのか。同社の場合、ほとんどの従業員がそれを認知している。それは、協定締結や意見書の添付の際、社長が全従業員の前で、「こういうことで課長にハンコをついてもらう、それでいいですか」と声をかけているからであり、また、すべての情報を公開しているので、確認しようと思えば、いつでも確認することができるからである。実際、上記の係長は、課長の従業員過半数代表としての役割を「知っていた」という。これからは、同係長が従業員過半数代表としての役割を果たしていくことになる。

　就業規則は、前記のとおり、2007年に改定したが、その内容については、提携の社労士が3回に分けて全社員に対して1回に2時間かけて説明した。就業規則は2冊用意されているが、いつでも見られる食堂と事務室脇に置いてある。また、新入社員が入ると、丸1日かけて説明している。

　社長は、いわゆる従業員代表制の立法化に「大賛成」している。また、従業員代表も「やっぱり従業員の声を伝えるというのは大事やろうし、なかなか従業員は、経営者に対していいに行きづらいというのが当たり前である」ので、「そういうことをすること（従業員代表制の立法化；呉）によって少しでもそうなるんであれば（従業員の声が伝われば；呉）すごくいいことや」と思っている。（呉2013：26-27）

事例2　介護関係B社　従業員157名

　基本的に残業は発生しないようにしているが、計画的にあるいは突発的に残業をすることもある。そのために、36協定を締結しているが、労働組合がないので、従業員過半数代表が会社との締結の当事者となる。代表は、管理職についていない人にお願いしているが、「順番にしているのが現状」である。すなわち、36協定の締結は、毎年3月に行う恒例の手続であるので、部長会議・管理者会議で締結の必要性を

説明し代表の選出方法について承認を取り付けてから、部署を決めてそこで働いている従業員に代表をお願いする。2011年現在、居宅支援という部署の管理者が同部署の一般従業員から順番で決めている。その部署の一般従業員に順番で毎年代表になってもらい、一巡したら次の部署に代表の指名をお願いする形である。そのため、誰が従業員代表なのかわからないのが普通である。

　36協定、そのほか、就業規則、変形労働時間制度も全て従業員からの意見・要望を踏まえて、従業員との話し合いの上、同意を得てその内容を決めている。そのため、協定締結という手続的な行為は形式的なものに過ぎない。したがって、形式的な手続、例えば、従業員過半数代表の民主的な選出が整っていないから、従業員過半数の意見が反映されていないわけではないのである。実際、事務部門でも、月1回、「事務会議」があり、自由に「みんないうし、何かいうと多分、大抵通る」が、「ちょっと無理だったら『ちょっと難しいかも』」というふうにその場でいわれるという。実質上、従業員が何か会社に対する意見や要望があれば自由にいえる環境といえよう。「社長がいても、統括部長がいても誰一人として変わらない」くらい、フラットな雰囲気であり、「アットホームな雰囲気」である。(呉2013：50-51)

事例3　通信機器等の販売　C社　従業員20名
　同社には労働組合が存在しない。そのため、36協定や就業規則の変更の際に、会社との協定の相手となるのは、従業員過半数代表である。就業規則をつくって、初めて労働基準監督署に届け出たのが約15年前であったが、2008年12月、社労士の協力を得て、それを改定してまた労基署に届け出た。その際に従業員過半数代表としてOさん(主任)が挙手にて選ばれた。その経緯は次の通りである。就業規則の届出の際に、そこに印鑑を押すために従業員過半数代表が必要であると、会議の際にいわれて、「軽い気持ちで立候補したら、いいんじゃないのという感じで。僕でも大丈夫ですかみたいな感じで」、Oさんに決まったという。Oさんは、新卒共同求人第1期生として会社の中

81

で共同求人によって入社した社員の代表格でもある。そのとき、従業員過半数代表の前任者が課長に昇進し、交代の必要性があった。会社は、代表の選出にあたり、「できればミーティングで選挙してもらいたい」といったが、役員以外の社員が集まって挙手でえらんだが、全員一致であったという。欠席者もいるが、「それは任せる」という形で口頭で委任している。Oさんが従業員過半数代表として選ばれたのは、上記の新卒共同求人第1期生のほか、「技術の仕事をしているが、総務系の仕事に非常に興味を持っていて、将来そこの長になりたい」という思いがあり、「そういうことへの問題意識が高い」ということで「適任者」ではないかとみられたからである。

　Oさんは、就業規則変更の労働基準監督署への届出の際に、「当社就業規則を熟読しました。内容に関して意見なく、またこれに同意致します」という意見書を書いた。ちなみに、就業規則は、会社の共有フォルダーにおいているので、「すぐ、いつでも閲覧できるように」している。また、会社は社員の入社の際に、就業規則を見せて説明し、所在を知らせておく。

　就業規則を変更し、従業員過半数代表に意見と印鑑をもらう際に、会社は、「よく理解した上でハンコを押してね」と促したという。

　従業員過半数代表は、36協定書や就業規則の届出書に印鑑を押すだけでなく、場合によって、一般社員と会社とのパイプ役をすることもある。すなわち、社員が、その代表を通じて、会社に依頼をすることがあるという。例えば、年休の申請の際に、「ちょっとこの日に休みたいんだけど」と思う社員が代表に相談に来た際、「それはやっぱり申請してもらったら、俺が通すから、とにかく堂々と申請を出しな」という形で、社員と会社との橋渡し的な役割をし、同僚に「結構頼られている」という様子である。しかし、賃金については代表からの意見はいまのところ出ない。

　社員一人当たり年間総労働時間は、稼働日数が約260日なので、それに毎日平均の労働時間である9時間をかけると、約2340時間となる。年次有給休暇は、ほとんどの社員がとっていなく、1か月平均す

ると、全社員の有給日数は3〜4日である。稼働日数が多く、また、年間総労働時間が多いのは、「日曜、祝日」も顧客の問い合わせに対応しなければならないからである。

　従業員代表制の立法化については、理念として「非常にいいこと」だと積極的に考えている。Oさんも「そういうの（従業員代表制）があって、社員の意思統一が図れて、それが会社にとっていい方向に向かっていくのであれば、あったほうがいい」と、意見を表明した。（呉 2013：155-156)

　労使コミュニケーションが、よく取れている職場の雰囲気をご理解いただけたのではないかと思います。当然のことながら、労働者代表制が導入されれば自動的に労使関係が良くなるわけではありません。しかし、労働者代表制を、法定基準の解除機能やある種の労働条件設定機能だけではなく、労使コミュニケーションを円滑にするツールとしての側面を考えれば、ここで紹介した事例が、導入後のイメージにつながるものと思います。まさに労働者代表制は、職場を変える切り札となるのではないでしょうか。

　次に、職場に労働者代表制が導入されることの意義について考えてみたいと思います。労働者代表制が法制化され、多くの職場で労働者代表委員会の活動が始まり、一定期間を経て活動が軌道に乗ったとします。労働者代表委員に選出された従業員は、職場の全従業員の負託を受けて、全従業員の利益を維持・拡大するために会社と交渉をしていきます。そのための研修も受け、会社が開示する経営資料も読み解けるようになり、会社の事業展開についても見通すことができるようになります。自分たちで経営者と渡り合い、また、労働者代表委員会という組織の運営についても自信を持つことになりましょう。

　このような労働者代表委員としての経験は、労働組合を立ち上げ、発展させていくためのノウハウそのものになるのではないでしょうか。つまり、労働者代表委員会の法制化は、人材面から労働組合結成

の足がかりになるのではないかということです。

　当然、機能面でも同じことがいえます。労働者代表委員会の活動が活発になり、会社との交渉も、形式ではなく実質的に深く取り組めるようになれば、自分たちのこの意見は、どうしても通したいというときに、団体交渉権、争議権、労働協約締結権のないことが、交渉の限界になると認識せざるを得ません。そこを打ち破るためには、労働者代表委員会を労働組合に切り替えていかなければならないわけです。そのとき、労働者代表委員会としての組織運営の経験が、労働組合結成に十分活かされることは間違いありません。

　あまり先走ってもいけませんが、労働者代表委員会の立ち上げに際し、産業別労働組合がそのための指導機関となるべきだということは既に述べましたが、労働者代表委員会の運営を円滑に進めていくための指導機関も、非常に重要になります。必ずしも労働者代表制の導入を歓迎する経営者ばかりではありませんし、敵対する場合、あるいは懐柔する場合など、様々なケースが発生する可能性もあります。そうしたときに、労働組合から労働者代表委員会へのアドバイスは、貴重な指針となるはずです。したがって、労働者代表委員会に対する指導機関として、産業別労働組合あるいは連合およびそれらの地方組織が、その任にあたれるように体制を整備すべきだと思います。

　さて、労働者代表委員会が職場の中で、所期の目的通りに運営されていくためには、Ｑ７でも論じましたが、労働者代表委員となる従業員の「自覚」、「志」が重要なポイントになると思います。その「思い」が労働者代表委員会という組織に浸透するならば、それは、職場の変革、企業の変革を通して、利己主義社会の底流を変えることになるのではないかと思っています。（なお、この点について私は、「連合第11回私の提言」論文の中で、「働くことを軸とする安心社会」を実現するための角度から同趣旨の論考を展開しています。ご参照いただければ幸いです。）

　どういうことなのか説明します。労災や過労死、学生や若者を使い捨てにするブラック企業、正社員の超長時間労働や正社員になれない

非自発的非正規労働者の増加、所得の二極分化と中間層の消滅。こうした厳しい社会・経済環境、労働環境が現出してきた背景には、新自由主義経済とグローバル化があることを多くの識者が指摘しています。グローバル化は価値中立的な現象だとしても、新自由主義経済は、あきらかに多くの脱落者を踏み台にして、一握りの成功者が富を握る社会を志向しています。リーマンショックによっても、この経済思想が下火になることなく生き延びているのは、単に経済理論というだけでなく、「人より努力した者が報われて何が悪い」という開き直りの強弁ともとれる主張が、ある意味で人間の本性に根差しているから、つまり、思想信条の次元に根ざしているからではないかと思えてなりません。

　新自由主義に代わり得る思想信条はないのか。それを考えていたときに、中央大学の宮本太郎教授から「互酬性」の概念について、ご教示をいただいたのです。先生は、リチャード・ドーキンスが『利己的な遺伝子』の中で述べているコンピュータ・シミュレーションの実験を紹介してくださいました。内容はこうです。ある種類の鳥がいて、危険な病気を媒介するたちの悪いダニが、頭のてっぺんに取りついたとする。自分の嘴では取り除くことができない。利己的な鳥は、自分のダニは取らせるが、ほかの鳥のダニは取ってやらない。博愛的な鳥は、自分のダニは取ってくれなくても、誰のダニでも取ってやる。3番目が互恵的な鳥で、相手が取ってくれたら自分もとってやる。この3種類のうち、どのタイプの鳥が生き残るかというものでした。

　まず、自分の頭のダニを取ってもらえない博愛的な鳥が絶滅に瀕し、利己的な鳥が集団の中で広がっていきます。しかし、段階が進むと、自分のダニを取ってくれる鳥がいなくなるので、利己的な鳥はだんだん減っていきます。したがって、最後に生き残るのは互恵的な鳥だというのがこの実験の概要です（リチャード・ドーキンス2006:281-287)。

　極めて示唆に満ちた実験だと思います。100％利己的な人間も、100％博愛的な人間もいないとはいいませんが、そう多くないことは

間違いありません。ですから、互酬的な生き方が万人に無理なく実践でき、しかも、人間の本性に根差した思想信条となり得るのではないかというのが私の発見でした。

たとえば、現実の社会・経済には産業間格差があります。いい換えれば、基幹産業と従属産業ということです。「分業」が近代産業の出発点であるならば、本来、「基幹」とか「従属」の階層は存在しないはずですが、競争原理の中で経済合理性を追求した結果、現実には産業間の序列が存在し、多くの人がそれを「あたり前」と捉えています。運輸産業を例にしますと、分業としての運輸産業が、物流の9割を担い国民生活を支える動脈という意味の「基幹産業」であっても、経済社会の中では従属産業の地位にあるというのが現実なのです。

そこで「互酬性」という考え方を導入するとどうなるでしょうか。産業に従事する労働者を「基幹−従属」という階層・階級で捉えたら、現状改革の終着点は、極論すれば「革命」でひっくり返すことしかなくなってしまいます。社会の安定を維持するためには、基幹であろうが従属であろうが、互いに尊重し合う「互酬性社会」を築く以外に方法はないのです。これは産業間だけの問題ではありません。「親会社−子会社」の関係にもあてはまりますし、「元請−下請」の関係も同じです。さらに、「正社員−非正規社員」の関係にも、「直接雇用−間接雇用」の関係にも応用できます。

このように考えると、労働者代表委員が、個人として「自覚」と「志」を持つことに加え、「互酬性」を人間としての思想信条に据えることにより、他人を踏み台にして成功を求める「利己的な社会」の底流を、職場、企業を通して、変革していく原動力になり得るのではないかと考えます。

私は、これが労働者代表制のもつ社会的意義だと思っています。

≪参考文献≫

○内藤 忍『労働条件決定システムの現状と方向性』第4章「日本における従業員代表制の立法化に関する議論の状況」労働政策研究・研修機構2007年3月30日

○大内 伸哉『企業内労働者代表の課題と展望』「憲法と労働者代表」財団法人労働問題リサーチセンター　国際労働法フォーラム(財団法人日本ＩＬＯ協会)平成13年3月

○大家 伸哉『労働者代表制の研究』有斐閣2007年2月10日

○小嶌 典明『講座21世紀の労働法8 利益代表システムと団結権』第4章「従業員代表制」日本労働法学会編集 有斐閣 2000年5月30日

○坂本 重雄『従業員代表制論―団交・協議・過半数代表制―』「従業員代表制と日本の労使関係」日本労働法学会誌79号　1992年

○木元 進一郎『労働組合の「経営参加」―労使協議制の日本的特質と変遷―増補版』森山書店1970年4月

○古川 景一・川口 美貴『労働協約と地域的拡張適用―UIゼンセン同盟の実践と理論的考察―』信山社2011年8月30日

○上村 俊一『労働条件決定システムの現状と方向』第5章「主要国における労働条件決定システムと労働者代表制度」労働政策研究・研修機構2007年3月30日

○桑村 裕美子『労働法改革 参加による公正・効率社会の実現』第3章「労働関係法制―ドイツおよびフランスの動向」日本経済新聞出版社2010年2月12日

○『日本労働研究雑誌No.630』労働政策研究・研修機構2013年1月

○濱口 桂一郎『これからの集団的労使関係を問う 現場と研究者の対話』「労働者代表法制のあり方」エイデル研究所2015年10月30日

○『季刊労働法216号(2007年春季)』「＜座談会＞労使が考える労働者代表制」

○連合総研『労使コミュニケーションの新地平―日本における労働者参加の現状と可能性―』「―座談会議事録―雇用形態が多様化するもとでの参加システムへの参加・包摂の拡大に向けた政策のあり方と労働組合の役割」2007年12月10日

○呉 学殊『労使コミュニケーションの経営資源性と課題―中小企業の先進事例を中心に―』第2部「労使コミュニケーションの経営資源性」労働政策研究・研修機構2013年5月31日

○小畑 明『「働くことを軸とする安心社会の実現」に向けた一考察』連合第11回私の提言2014年10月

○リチャード・ドーキンス著　日高敏隆、岸由二、羽田節子、垂水雄二訳 『利己的な遺伝子 増補新装版』紀伊國屋書店2006年5月5日

第2部

座談会
労働者代表制導入で
労使関係はどう変わるか

座談会 荒木 尚志 × 平田 美穂 × 小畑 明
東京大学大学院教授　中小企業家同友会全国協議会 事務局長　運輸労連中央書記長

労働者代表制導入で労使関係はどう変わるか

荒木　今日はお忙しい中をお集まりいただきありがとうございます。小畑さんの『労働者代表制の仕組みとねらい』の中で座談会をさせていただくことになりました。自己紹介もかねて、労働者代表制問題について、どのようにお考えになっているのか簡単に一言ずつお話頂いて、それから議論に入ろうと思います。まず運輸労連・中央書記長の小畑さんからお伺いします。

運輸労連の組織的特徴

小畑　まず運輸労連という組織の概要についてお話しさせていただきます。トラックを中心とした産業別労働組合で、約500組合11万人が加盟をしています。特徴的なのが、全国規模の大手組合が14あり、それ以外の多くの組合は300人以下のいわゆる中小企業に該当します。大手の中にはヤマト運輸とか日本通運とか単組で数万人規模の組合もありますが、全体の96％が中小の組合ということになります。少数の大手と多数の中小という二つのエンジンで産別の運動を回していることが組織的な特徴です。

　また運輸業界の構造的な問題を二つ挙げたいと思います。一つが1990年から始まった規制緩和の影響をもろに受けている業界であるということです。いま運送会社の数は全国に約62,000社ありまして、規制緩和以降1.5倍に増えています。その一方で貨物輸送量が68億トンから48億トンに3割減っています。必然的に運賃ダンピングをしないと生き残れない業界であるといえます。極めて象徴的な数字がありまして、それが何かといいますと、日本企業の売上高物流コスト比で、これが現在5％を切っています。それに比べて日本よりも先に規制緩和したアメリカでは、9％を超えているのですね。要するに日本の企業はアメリカに比べて物流費を半分しか払ってない。そのしわ寄せがドライバーの長時間労働であるとか、あるいは低賃金の背景にあると私共は見ています。実際に年間の労働時間は全産業で2100時間なのに対して運輸業が2600時間、年収が全産業の7割強ということになりますので、2か月多く働いて3割少ない給料という実態にあります。

　運輸業の抱える構造的な問題のもう一つが、下請けが多層構造になっている実態です。メーカーの製品を輸送する場合を例にとると、大手の物流会社が運送契約を結んで物を運ぶわけですが、自社で運びきれない場合にそれを中堅の下請けに回す、さらにそれを中小規模の下請けというような形で二次、三次は当たり前、場合によっては五次、六次という多層下請の構造があります。

　まとめると規制緩和で適正運賃が収受できなくなった。労働条件の

しわ寄せがきている。多くの運送会社が新規参入して少なくなったパイを奪い合う。それによって運輸産業というのは規模の小さい会社が、低い労働条件で数多く存在する業態になってしまっているということです。

　労働者代表制の必要性の観点から申し上げますと、日本の労働組合の組織率は全体で17.3％ですが、1000人以上の規模だと65％近くあります。しかし逆に100人未満では1％にも届いていないということになりますので、ほとんどの職場に労働組合がないということになります。従って小規模事業所ほど労使が話し合いのできる何らかの組織を持つことが非常に重要であると思っています。労働条件が低位に置かれている場合であれば、なおさらその必要性は高いと思っていますので、その意味で運輸産業ほど労働者代表制が求められている産業はないといえるのではないでしょうか。

「経営者の責任」と「対等な労使関係」をモットーに

荒木　ありがとうございました。運輸業の規制緩和を受けた労働環境の変化と、その中で労働者代表制が求められている状況たいへんよく分かりました。では、中小企業家同友会全国協議会事務局長の平田さん、お願いします。

平田　まずはじめに中小企業の労働環境にかかわるアンケート調査をご紹介します。中小企業家同友会全国協議会（以下、中同協）として2016年4－6月に会員企業の就規則作成・見直し状況、労働環境整備の現状や課題を明らかにするため、「就業規則の作成・見直し状況等に関するアンケート」を実施し、3767社の調査結果がでました。労働組合が「ある」企業が3％、従業員代表委員会が「ある」企業は11％でした。

　中小企業家同友会は、1956年に設立された日本中小企業政治連盟（以下、中政連、創立者は鮎川義介氏）が中心になって進めた「中小企業団体法」制定運動に対抗する形で、1957年に日本中小企業家同友

92　座談会　労働者代表制導入で労使関係はどう変わるか

会 (現・東京中小企業家同友会) として創立されました。創立メンバーは「上からの命令で中小企業の自主性を抑える懸念があり、戦前の官僚統制へ道を開く危険性がある」と反対し、70名で立ち上げたと聞いております。

　その後、大阪、名古屋、福岡、神奈川とあわせて5つできたところで1969年にこの全国協議会が設立されました。現在は47都道府県全てに同友会が設立され、46,016名 (2月1日現在) の会員数となっております。8年連続で会員数が伸び、現在過去最高の会員数です。

　財政的には会費で成り立っており、会員の自主的な運営を大事にしており、企画・運営とも中小企業家である会員が独自の発想で行っております。「同友会理念」は「3つの目的」「自主・民主・連帯の精神」「国民や地位とともに歩む中小企業」の三つから構成されています。3つの目的は簡単に言えば、「よい会社を作ろう、よい経営者になろう、よい経営環境をつくろう」ということですが、その一つひとつに「自主」という言葉が入っております。「よい会社」では「企業の自主的近代化」、「よい経営者」では「中小企業家が自主的な努力によって」、「よい経営環境」では「日本経済の自主的・平和的な繁栄をめざす」というように「自主」にこだわる。これもすべて創立の精神に由来するものです。

　現在47都道府県の下にさらに地域別の基礎組織である「地区」や「支部」があり、2015年度は459の数となり、月一回の月例会を行い、年間約7000回の勉強会を開催しています。経営者がお互いの経営経験に学び合おうということで企画をし、会員自身が報告者となり、その報告を受けて小グループでそれぞれがどのように学んだか経営課題について討論を行います。その後、グループ討論発表を行い、どのように議論したかを交流します。ほかの経営者の学び方の違い、グループによる深め方の違いなど「学び方を学ぶ」場ともなっています。このような学びの場を通じて、同友会ではどのような経営をしていくのかを深めており、その基本文書が「中小企業における労使関係の見解」(以下、労使見解) です。1960〜70年代に「総資本対総労働」、

平田　美穂 (ひらた　みほ)

福岡県生まれ。1983年山口大学経済学部卒業。1986年中小企業家同友会全国協議会事務局入局、2012年から現職。内閣府男女共同参画推進会議「国際的に連携した女性のエンパワーメント促進」委員、立教大学大学院ビジネスデザイン研究科アドバイザリーボードメンバー、一般社団法人ワークルール検定協会啓発推進委員、社会福祉法人未来こどもランド評議員を歴任。ニューヨーク国連本部において国連CSWで「日本の中小企業と中同協の女性活躍推進の取り組み」をスピーチ。内閣府、自治体、労働組合などで講演、シンポジストに従事。

「中小企業経営者といえども、経営者はみんな労働者の敵」と、要求闘争が苛烈に行われて、団交やストの連続で受注しても仕事ができない状況も生まれていました。同友会会員も集まっては、従業員や労働組合の愚痴ばかりでしたが、話し合っているうちに、組合とも良好な関係を持っている企業もあることが分かり、話し合いで労使問題を解決していくためにはどうすればよいか、議論を重ねました。

10数年かけて議論して発表した文書が、この「労使見解」です。私も入局するときに驚いたのは、最初に「経営者の責任」をうたっていることです。経営者がまず襟を正していこうということと、「なによりも実際の仕事を遂行する労働者の生活を保障するとともに、高い志気のもとに、労働者の自発性が発揮される状態を企業内に確立する努力が決定的に重要」としていることです。

第2項目は「対等な労使関係」。24時間365日企業のことを考え、家屋敷も担保に取られて経営している経営者は、なかなか従業員を対等だとは思えないのですが、「労使は相互に独立した人格と権利をもった対等な関係」として定義しました。「従業員は仕事をしていく上で

のパートナー」であり、経営者が一人ひとりの社員と向き合い、それぞれが能力を発揮でき、成長できる環境を作っていくことが、企業が成長する上で何よりも大切であるということを先達の実践の教訓から学び、「労使見解」を通じて広げております。

　ですから、今回の労働者代表制の問題それから労働組合の問題にしても、私どもの会は労働組合に対して敵視をするということではなくて、この代表制も含めまして積極的に取り入れて社員の声を聞ける環境を作ることが会社にとってはメリットになると考えております。

　現場の従業員の労働環境改善へ向けた声を集約して改善していくことで従業員も働きやすくなるし、そのことで仕事のモチベーションも上がり、業績にも寄与することになります。

　この就業規則のアンケートに就業規則の見直しと最近1年の業績のグラフがあります。定期的に就業規則を見直している企業は、約7割が黒字です。見直しをしていない企業群と比べると顕著に業績のよい企業が多いのです。就業規則を作ってちゃんと運用している企業の方が業績はいい。それだけ労働環境を考えてしっかりと対応し、従業員もいきいき働いているというふうに見ております。これらの結果から、労働者代表制とか従業員代表制を含めて積極的に全社員の声を聞けるような形で進めていくということが経営にとってもプラスになると考えております。

労働者代表制がなぜ注目されるのか

荒木　それぞれのお立場から労使の話し合いの重要性ということについてご指摘がありました。そういう中で、今回、労働者代表制について小畑さんが提言されているのは、現状の労働組合の状況なども恐らくお考えになってのことではないかと思います。労使関係の現状を踏まえて労働者代表制論に至った経緯を少しお聞かせいただけますか。

小畑　いくつかあると思っています。まず議論の経緯ということで申し上げると、最初は1970年代に従業員の経営参加が論じられた時で

95

す。ドイツで共同決定法ができて、従業員代表が監査役になり、それ
を通して経営に参画していくようになるという情報が入ってきて、日
本でもそれを入れようという話になりました。しかし、最終的には
導入されず、経営協議会という形で定着をしたという経緯がありまし
た。現在ほとんどの大手企業で経営協議会という組織を持っていると
思います。名前は違いますが私が在籍している会社の場合だと、労働
組合の経営参加というニュアンスが強過ぎるので業務振興協議会とい
う言い方をしているのですが、そういう形で経営協議会が定着した。
これが70年代だと思います。

　その次が、これが一番大きいと思うのですが、87年の労基法の改
正で労働時間規制が柔軟化された時に、過半数代表の意見を聞くとい
う場面が飛躍的に増えた。このときに「過半数代表者制にそれだけ重
要な中身を決めさせていいのか」という議論があった、これが二つ目
のポイントだったと思っています。

　三つ目は労働契約法を作る時の検討会の報告の中で、「労使委員会
制」が提案されました。その時に、労働条件の変更に際し、例えば就
業規則を変更する時に、労使委員会の合意があればその変更には「合
理性があるものと推定する」というルール、これを作ろうという話が
出た時に、労働界で非常に大きな問題になりました。「これはないだ
ろう」ということで議論が盛り上がった。

　直近だと荒木先生が座長をされた、『様々な雇用形態にある者を含
む労働者全体の意見集約のための集団的労使関係法制に関する研究
会』の報告書が2013年に出まして、従業員代表をどうするのか、過
半数代表をベースに発展させるのか、それとも全く新しい制度を作る
のかという提起がありました。連合の中でもこれは議論しなければい
けないということで議論が始まってきた、そんなふうに思っていま
す。

　労働者代表制のもう一つの背景事情としては、やはり労働組合の組
織率が下がってしまったことが大きなポイントではないかと思ってい
ます。8割以上の労働者が労働組合に加入していないという状況の中

で、ではそういう事業所の労働条件を一体どうやって決めるのかという問題意識です。労働組合としては、労働組合を拡大していくのが本筋なのですが、その結果がいまの労働組合の組織率だと考えると、他に方法を考えなければいけないのではないかという議論です。

連合としては、労働者代表法案要綱骨子（案）を、既に2001年の段階で大会確認をしています。2006年段階でその補強案を出して、その後実は議論がストップしています。東日本大震災が起こってしまったということと、「労働者性」の問題などの新たな課題が出てきたものですから、そちらの議論を優先し労働者代表制の議論がストップしている状況です。しかし荒木先生が座長をされた研究会の報告書が公表され、取り敢えずは過半数代表制をどうするかという議論を2014年に連合が始め、その見解を「『過半数代表制』の適切な運用に向けた制度整備等に関する連合の考え方」としてまとめました。従って連合の中では、そこから先に一歩進めて労働者代表制をどう捉えるのか、という議論がこれから始まろうとしている状況にあります。

荒木　ありがとうございました。いまのお話について、平田さん如何でしょう。

平田　同友会は決して労使協調路線ということではありません。お互いの立場を明確にして、何のために労働組合なり今回の労働者代表制もあるのかということを明確にしながら経営者のほうもそれを理解して、社員の声をきちっと聞くシステムという風に考えれば、社員の要求をまとめてくれる組織があるということは、経営にとってもプラスになります。

労働組合のある経営者の方に話を聞くと、労働組合があることによって、経営者には届きにくい現場の労働環境改善にかかわる要求を聞き取って集約してくれるので助かっているというような意見が結構聞かれます。一方、経営者の基礎的な力が落ちていることが問題になっています。例えば労務の問題は社労士さんにお任せする、財務

の問題は税理士さんにお任せしている、経営の一部をアウトソーシングしやすくなっている環境の中で、労働問題にも理解が浅くなっている。

　労働問題はハウツーではなくて、経営者の姿勢、従業員にどう臨むのかというスタンスを確立するということが何よりも大事です。よく分からないから社労士を呼んで社員に説明してもらうなどということになれば、社員も経営者に対して信頼できないということになります。経営に問題があればそれを指摘してもらう緊張感のある労使関係が必要で、労働者代表制や労働組合の存在は社員との良好な関係をつくる上でも、経営者として積極的な意味があると考えています。

過半数代表と労使委員会

荒木　お二人からきちんとした労働組合があって、使用者と労働組合が正面から話し合うことが、双方にとって実はメリットがあるんだというお話があったと思います。しかし、労働組合の組織率はどんどん下がっていく。他方で、1987年に週48時間制を40時間制に変えた労基法の大改正があり、その時に、事業場の労働者の過半数を代表するもの、これは労働組合とは違う従業員代表とも言えるものなのですが、これに大きな役割を与えるようになっていった。そうするとこの事業場の過半数代表は一体どういう機関であって、労働組合との関係をどう捉えるのかということが一つの課題になっていったというようにお聴きしたところです。

　現在労働組合以外に労働者を代表する機関には過半数代表と労使委員会があります。まず、過半数代表ですが、例えば、時間外労働する場合は36協定を結びます。その相手方が過半数代表です。過半数代表にも二種類あって、事業場の過半数の労働者を組織する組合、すなわち「過半数組合」があれば、その過半数組合が過半数代表となります。しかし、事業場に過半数組合がない場合には事業場の労働者の過半数を代表する者が、過半数代表となります。この過半数を代表する者（過半数組合に対して「過半数代表者」と呼ばれます）は、一人の労

働者が選ばれるわけですね。労働基準法は時間外に関する36協定とか、賃金全額払いの例外に関する24条の協定とか、労働基準法の最低基準を下回ることを許容する労使協定を認めています。このように労働基準法の最低基準を下回ることを許可するという重大な効果を持つ労使協定を結ぶ主体が、過半数組合があればいいんですが、そうではない場合には、過半数代表者となります。組織的なバックアップをする体制もない一人の労働者が法定基準を下回ることを許容する協定を使用者と結ぶという制度でうまくいくんだろうか、ということがいま問題となっている。

　もう一つの労働者代表的機関といえるのが労使委員会ですが、これは1998年の労基法改正で、企画業務型裁量労働制を導入したときに、この制度を利用するためには、労使委員会という機関を作りなさいということになりました。労使委員会というのは労働者代表と使用者代表からなる委員会ですが、委員の半分以上は労働者代表でなければいけないというものです。この労使委員会というのは企画業務型裁量労働制を入れるために必要な機関ですが、企画業務型裁量労働制自体の採用率が0.6％程度と非常に低く、その結果、労使委員会の導入も進んでいないという状況です。

　このように日本には労働組合の他に、労働者代表的な機関としては過半数代表制度と労使委員会制度があるのですが、先ほど小畑さんから、この過半数代表制度を活用することについてはちょっと危機感があるというような話がありました。どういう問題があるのか、もう少しお話を伺えますでしょうか。

過半数代表制の問題点は少なくない

小畑　問題のかなりある制度だと思っています。もともとは労基法ができた時に初めから入っていた考え方ですから、多分法律の起草者としては、いずれほとんどの企業に労働組合ができるだろうというようなことを想定して、そこに至るまでの過渡的な方法として過半数代表者というのを設定したみたいなところもある。ところが組織率は先程

来申し上げているように17.3％まで低下し、ほとんどの職場に労働組合がない中でどうやって労働条件を協議するのかという時に、勢い過半数代表がクローズアップされてきた。そんな中で過半数代表の機能と役割が飛躍的に増えてしまい、現在100を超える状況になっています。

　この過半数代表者の一番大きな問題は、労働者の代表という位置付けでありながら本当に民主的に選ばれているのかどうか、ここのところだと思っています。JILPTの調査だと選挙で選んだのが僅か8.3％で、「会社が指名した」、「会社が選んだ人を信任する」、あるいは「社員会、親睦会の代表が自動的に横滑りする」、この三つを合わせると62.9％というのが実態です。それから選ばれている人は課長さんとか部長さんとかも過半数代表者になっているケースも多々あります。この辺のところも問題です。

　もう一つは、その過半数代表者が本当に労働者の意見を代表しているのかという代表としての正当性の問題です。労働組合であれば、職場集会を開いて組合員の意見を吸い上げてそれを大衆討議にかけて、何を要求していくのかを決定していくプロセスが確立してますけれど、過半数代表制にはそういったものが一切規定がないということが問題だと思います。それから運用の問題もあります。法律のたてつけからいくと労使協定を結ぶ時に、その都度過半数代表者を選出することになっているのですが、実態としては一回選んだらその人に違う協定も含めて判子を押してもらっているという現実があります。そもそも過半数代表者は制度として任期制ではないので、そういう運用自体が非常に問題です。それと制度設計上の問題では、その締結した労使協定がその後どのように運用されているのかをチェックする機能が、この過半数代表者にはないということです。協定を締結するだけで、その後のことは一切関与できないというのは非常に問題だろうと思います。

　また過半数代表者が持っている任務、役割についても問題ありです。先ほど先生がご説明されたように、36協定、これは法定基準を

解除するという機能です。法定基準を解除するだけだと言ってしまえばそれまでなのですけれど、ただそれというのは、法律の本則に対する例外を認めるという重大な機能ですよね。これをこれまで指摘したような不具合を持っている過半数代表者に担わせていいのかという根本的な問題があります。そういう役割は、基本的には労働組合の役割。過半数労働組合がないから過半数代表者となるのですけれど、労働組合がないとしてもそこまでの機能を過半数代表に負わせるのは無理だろうと思っています。

平田 同友会で「労使見解」を元に経営の勉強をし、実践してきた経営者の経験を聞きますと、社内に「職場改善委員会」や「就業規則委員会」などを社員で構成し意見集約する組織をつくって、社内の労働環境改善の進捗状況をチェックして、課題や要求をまとめて計画的に改善していくことを大事にしています。

　一方では全従業員の満足度調査などをしながら改善を進めていくというようなことをやっている企業もあります。社内の合意をとって進めていかないと、ただ単に条件緩和をするため、36協定を結ぶための代表がいるだけでは、労働環境の改善で思うような成果が得られないということになります。

　労働者代表制ではリーダーとなる方の資質も大切で、経営者側に耳障りのいい話だけしかしないようでは、労働環境を改善することで社員のモチベーションが上がってしっかりと社員がやる気になるということのサイクルが回らないことになります。後者のような労働者代表制の位置づけしかできていない経営者がいるとしたら、大きな勘違いがあるのではないかと同友会では指摘されるでしょう。

ドイツとアメリカの労働組合の特徴

荒木 現在、過半数代表という制度があるんですけれども、制度的にもこれはおっしゃった通り、労使協定を結ぶ時だけ過半数の代表として選ばれれば、その時は適法な過半数代表として労働基準を引き下げ

荒木　尚志（あらき　たかし）

1959年熊本県生まれ。1983年東京大学法学部卒業。同大学研究科修士課程修了後、法学部助手、助教授を経て現在同大学大学院法学政治学研究科教授。法学博士。東京都労働委員会公益委員、会長、労働法制審議会分科会公益委員、国際労働法社会保障法学会理事、副会長、中央労働委員会公益委員などを歴任。主要著書『労働時間の法的構造』（有斐閣、1991年）『雇用システムと労働条件変更法理』（有斐閣、2001年）『労働法 第3版』（有斐閣、2016年）『諸外国の労働契約法制』（共編著、労働政策研究・研修機構、2006年）『詳説労働契約法［第2版］』（共著、弘文堂、2014年）Multinational Human Resource Management and the Law（共著、2013年）ほか多数。

るような協定も結べるのですが、おっしゃったようにその後、従業員の声を集約して反映させるというそういう制度としては想定してないのです。そういう過半数代表にいろんな労働条件に関わることを委ねている現状でよいのかという問題にもつながるご指摘と伺ったところです。諸外国には日本のような過半数代表的なものはほとんどないんですね。韓国にはありますけども、ヨーロッパにはありません。

その代わりといいましょうか、労働者代表制というか、従業員代表制、英語で言うとワークス・カウンシル（Works Council）といわれる事業所レベルの労働者代表組織が労働組合とは別の組織として存在しております。特に典型的なのはドイツですけれど、ドイツの組合は基本的に産業別組合ですので、企業の外に存在するんですね。産業横断的な企業を超えた存在です。ですからドイツに労働組合が登場した当初、組合は企業の中にはずっと入れなかった。産別組合としては企業の中に拠点を作るのが悲願だったんですが、なかなかそれができない状況にありました。他方、使用者

の方は、企業内の従業員代表はむしろ好ましいと思っていた。そうい
う中で労使の妥協の産物として1920年法で従業員代表制が導入され
ました。当初は、実は使用者の方が入れたくてそれに組合が反対して
いる構図でしたが、組合も企業内に従業員代表制ができれば、自分達
の足がかりがそこでできる、そうであればその従業員代表のメンバー
に労働組合員を送り込みやすいような制度にできればむしろこの制度
を活用すべきではないか、ということで導入・活用論に転じたという
歴史的な経緯があります。

このようにして、ドイツでは企業外に産別労働組合があり、企業
内には組合がないので、そこに従業員代表制度が創設されるという、
デュアル・チャネルの典型的なモデルができました。組合というチャ
ネルに加えて、もう一つ従業員代表制というチャネルがあるという
デュアル・チャネル・モデルです。

チャネルが一個しかないシングル・チャネルもありまして、例えば
アメリカは、労働者を代表するチャネルは労働組合一つしかありませ
ん。アメリカの場合は、選挙をやる交渉単位はいろんな単位のとり方
があるんですけれども、企業内のことが多い。その交渉単位の中で過
半数の労働者によって支持された労働組合だけが唯一の交渉権限を
持った労働組合として使用者と交渉できる。

アメリカの場合は1935年のワグナー法という労働組合法に当たる
ものができる前に、使用者が御用組合を作って本当の労働組合が組織
化されるのを防止することが盛んに行われました。そこで、少しでも
使用者の息のかかったような組織は「御用組合」であるとみなして、
これを徹底的に排除するのがアメリカの労働組合法です。アメリカで
は従業員代表制のような労使が協力してコミュニケーションを取るよ
うな仕組みは、全て「御用組合」であるとみなす考え方が強い。です
から選挙で多数決で選んだ労働組合だけが真正の組合であって、それ
以外の従業員代表組織は認めないという制度をとっています。この
ようにドイツとアメリカが両極にあるわけです。これらと比較する
と日本は労働組合に加えて、純然たる従業員代表制度とはいえないけ

103

れど、過半数代表制や労使委員会制度などプラスアルファがついている、ということで、「シングル・チャネル・プラス」などとも言われています。

　日本の労働組合の組織率は2015年には17.4％にまで下がりました。つまり5人の労働者のうち4人は組合とは無縁の環境の中で働いている。これは戦後に労働法の仕組みができた時には、想定していなかったことです。労働基準法が最低基準を設定して、それより高い労働条件は、使用者と対等に交渉できる労働組合が団体交渉をして設定してください、ということで労働法ができた。組合がないということは、圧倒的に交渉力の強い使用者と個人の労働者とが個別に交渉して労働条件が決まるということですが、そうしたことは戦後労働法は想定していなかった事態なんですね。

　これではやはり問題ではないか、労働条件基準を引き下げるための労使協定を結ぶ過半数代表とは違う、多様な労働者の声を代表する労働者代表制あるいは従業員代表制を日本でも真剣に考えるべきではないか、そういう声が研究者の中では強くなってきています。従いまして、団体交渉で労働条件設定を担う労働組合が片方にありまして、他方に最低基準の緩和を許可するための過半数代表制度があるとすると、その間に従業員代表制ないし労働者代表制というものをどう設計するのかという辺りが議論となっていると思います。ただ先ほどドイツの話をしましたが、ドイツは組合は企業の外にある産別組合であって企業レベルには組合はないため、組合とは違う存在として従業員代表制を作りやすかった。日本は企業の中に企業別組合がある、そこに新しい別の従業員代表制度を作るというのは、なかなか難しい問題となってくるのも事実ではあります。

小畑　労使委員会については、使用者が入る労使委員会を労働者を代表する組織として位置づけることは基本的に無理があると思っています。労働条件の設定ではなくて、例えば広い意味での労使委員会、労働安全委員会であるとか、時短促進の会議であるとか、そういう労使

共通の事項を確認するような会議であればいいのだけれども、労働条件を決める時に使用者が入って、しかも5分の4みたいな形で労使委員会というのは基本的にはあり得ない。それと、そもそも企画業務型は先ほど0.6％ぐらいとおっしゃられていましたけれど、確かに導入しているところは少ないです。仮にそういうようなことをやるとしても団体交渉でできるのですよね。ですから形の上では労使委員会を開いたことにしておいて、実際は団体交渉で全部片付けてしまうというケースが多い。ですから労働組合以外の労使の交渉チャネルとしての労使委員会というのは、今後出てくるかとなると、私は出番がないのかなと思っています。

現場の声をとり入れた経営指針づくり

平田 労使委員会という言葉を使うと「労働側」と「経営者側」がチームをつくるイメージがありますが、同友会の会員企業では先ほど申し上げたように、労働環境を改善するようなチームを社内に作っていくことが多いようです。一方で、社員に経営に参画してもらうために、経営実態を共有するために、経理公開や労働実態、市場の戦略などを明らかにし、経営課題となっていることを経営指針に盛り込んで計画的に課題解決し、風通しのよい社風にするとともに全社一丸となって課題に取り組む姿勢がつくられるよう努力しています。

先ほどご紹介した「労使見解」。そのなかに「われわれ経営者は資金計画、利益計画など長期的にも英知を結集して経営を計画し、経営全般について明確な指針をつくることがなによりも大切」というフレーズがあり、同友会では労使の信頼関係をつくる上でも、「経営指針」（経営理念、10年ビジョン、経営方針、経営計画の4つの要素で構成）をつくって共有し実践することが大切であると1977年から提起し、経営指針成文化運動として取り組んでいます。現在では、47都道府県で取り組まれており、年間1,300名の修了生を輩出し、3,200名がボランティアで助言者や運営委員としてかかわるものになりました。

現場やお客様の気分感情は社員が一番よく知っています。経営指針

をつくるときも社員と一緒に現場の声を取り入れて作成しないと実効あるものになりません。トップダウンだけではうまくいかない。そういう経験を積み重ねて同友会ではこのような取り組みを行っています。

　ですから、社員が経営に対しても見識を持てるような力をつける、見識を持てるよう情報共有して、社員もアイデアを出し、力を発揮してもらう、そういう仕組みづくりを企業でしましょうと同友会では学びあっています。

　「労使コミュニケーションの経営資源性」というJILTPの呉学殊主任研究員が調査をされたものがあります。2012年に行われたこの調査には中同協も経営労働委員会で確認して協力しました。リーマンショック後の対応についてきいている項目で、同友会と非同友会を比べると「克服した」「克服中」を併せると同友会の企業群のほうが立ち上がりが早いことが分かります。どういうふうに克服してきたという点では、「『雇用は守る』と言って従業員を安心させた」30.7％と他の企業群と比べて高く、「企業業績の実態を説明した」「危機を乗り越えるために会社との一体感をもつよう促した」「従業員に経営に対する意見を求めた」なども高くなっています。社員の目線に立って一緒にこの企業をどうしていこうかということを真剣に考えてもらおうというようなことをやっているところが立ち上がりが早かったということです。

　実は東日本大震災の津波で大きな被害を受けた沿岸部、私共も300社ほどありますが、9割が大体一年以内に立ちあがって再開をしました。そういう意味ではちょっと帝国データバンクの数字なんかからしても驚異的な立ち上がりの早さだったというようなことが言われております。

荒木　正に危機の時に労働者とどうコミュニケーションを取るかということですね。そういう意味で、経営側にとっても労働者の声を聞くことが非常に重要であることのご指摘を頂きました

　組合組織率が下がってきている中で、過半数代表とは違う労働者代

表制というものを正面から導入することの是非に議論がフォーカスされてきている状況かと思います。そこで、労働者代表制を導入すべきかどうかを考える上で、まずこの制度にはどういうメリットがあるのか、あるいはデメリットもあるんじゃないかな、いろんな議論があると思いますので、ご紹介いただけますか。

労働者代表制のメリットとデメリット

小畑　さきほど先生がおっしゃられたように、日本の場合、ヨーロッパと違って企業内組合が主流ですから労働者代表制を入れるということについては、また違う議論が出てきます。正面から企業内組合と労働者代表制の役割が重なってしまうことをどう整理するのかという大きな問題があって、この辺が議論を難しくしているというのが背景にあると思っています。具体的に労働代表制を入れるメリット、デメリットというのは、端的に言うとこれは連合の中でもそうですし、運輸労連もそうなのですけれども、メリットはある、しかしデメリットもあるというようなことでなかなか議論が先に進まない実

小畑　明（おばた　あきら）

1957年福島県生まれ。食品製造会社、印刷会社を経て、ヤマト運輸（株）入社。ヤマト運輸労働組合厚木支部委員長、運輸労連神奈川県連書記次長、運輸労連中央執行委員等を歴任し、2011年より運輸労連中央書記長。厚生労働省労働政策審議会分科会委員、社会保険審査会参与、東京地裁労働審判員などを歴任。2017年3月中央労働委員会労働者委員。［主要論文］「雇用システムの変容と労働組合の役割」（創文社、2005年）「運輸産業における偽装雇用の実態」（労働法律旬報、2006年）「『働くことを軸とする安心社会』の実現に向けた一考察」（連合論文、2014年）「就業形態の変容と集団的労使関係」（『これからの集団的労使関係を問う』エイデル研究所、2015年）。

態があります。

　そのメリットというのは、これは共通して挙げられるのは労働組合結成の足掛かりになるのだという意見ですね。労働組合がない職場にこのような集団的な労使関係を構築することは何としても必要なのだという意見。そうすることによって未組織の、労働組合がない職場の労使コミュニケーションを確立し雇用社会全体の底上げができるのだというメリットを挙げるのが大体共通した議論になっていると思います。

　逆にデメリットは、この制度を否定はしないのだけれども、入れることによって既存の労働組合の力を弱めたり、あるいは組織化の妨げになるということを危惧する。労働組合不要論、排除論につながってしまうということに対して危機感を持っているところもかなりあります。これは運輸労連の中でも同じような議論をやっており、1年ぐらいかけて議論してきたのですけれど、メリットとしては、労働組合の組織率が2割を切っている中で全ての事業所に労使交渉を行う組織を確立することは極めて重要であること、また非正規労働者がこれだけ増えている中で彼らの意見を反映させるということも当然重要になってくるので、非正規労働者の意見を集約する機関としても必要だ。そのためにこの労働者代表制は非常に有効な制度であるから、作らなければいけない。労働組合結成の足掛かりにもなるという意見です。

　その一方で、運輸産業というのは小規模、荷主従属的、ワンマン経営者が多い業界特性だということを考えると、労働者代表制が、言葉は悪いのですが経営者の傀儡組織となる可能性が高い、従って法制化すべきではないという意見もありました。そうした意見を踏まえつつ産別としてどのような方向性を出していくのかを議論をした時に、最終的な方針としては労働組合権が侵害されるという恐れは確かにあるが、侵害されない仕組みを作った上で制度の構築を図るということになりました。ですので例えば少数組合の代表を労働者代表委員にみなすとか、企業に対する財務諸表の開示を義務付けるとか、労働組合活動の妨害禁止規定を設けるとか、そういったような手当をした上でこ

の制度は入れるべきだろうということに産別の中では議論の方向性が収斂し、その方向で取り組もうとしているところです。

荒木 ありがとうございました。経営者側から見ていかがでしょうか。

経営者として配慮しておくべきこと

平田 新入社員は労働基準法など何も知らない、教えられていない、権利意識のない状態で会社に入ってくることが大きな問題ではないかと思っております。

　若い人たちに労働者としての権利はどういうものなのか、義務教育の過程で学ぶ機会がないのではないでしょうか？　経営者側から社員に自覚を持ってもらうために、「労働者の権利はこういうことです」っていうふうに教える必要がある時代に入ったのかなというふうにも感じています。「労使見解」の2項に「対等な労使関係」というのがあり、「社員と経営者は対等なんだよ。だから自分が働きやすいように意見も言えるんだよ」っていうことを社員に伝えなきゃいけない。中小企業経営者からしますと自分の家屋敷も担保にしており、四六時中金策に追われていて、そういう自分と入ったばっかりの社員が同等だとは思えないわけですが、やっぱり社会的関係として人権も尊重しなければならない、労働権や団結権なんかも認められているというようなことを理解しないと、越えられないものがある。そこをきちんと理解し合って話に臨まないといけない。経理公開していない企業では、会社の実態が社員には分からない。「一生懸命働いているのに生活はこんなに苦しい」と社員から意見がでても、経営者側からも「うちはいま大変だ」と言う。社員は何がどうなっているのか分からない。だから、「自分が一生懸命働いた分は社長のポケットに入ってしまう」と社長に不信感を抱くことになります。

　同友会ではこの「労使見解」を成文化する議論の中で、経理公開をして、社員に実情を分かってもらうことが大切と話し合いました。も

う一方で、経営者側が社員を自分と対等な存在であると位置づけ、相手の意見を尊重する、そういうスタンスに立てるかどうかが決定的に大きいと思うのです。

ですから、その一つの手段としての労働者代表制というものを例えば法的に認知され、社内でもそういう体制を作りましょうということになったら、それを仕組みとして経営者と対等な意見が言えるような立場の人がそこにできるということを条項の中にきちっと書き込んで、位置づける必要がある。しかし、一方で、今回のご提案の中にある、例えば事務所の一部を貸与するとか、担当している人の賃金部分を経営側が払うとなるとこれはもう完全に「御用組合」のような「御用組織」になってしまうので、その辺の考え方の整理はしておかないと足をすくわれることにもなりかねないと考えております。

労働組合不要論になるのでは？

荒木　いまご指摘の点は、労働者代表制を考える時に一番大事な点の一つですね。つまり労働組合というのは、使用者と闘って対等の立場に立って交渉して労働条件を引き上げる、そういう闘う組織が労働組合なのです。これに対して、この労働者代表、従業員代表組織というのは、世界的に見ても、企業・事業所の中で労使が協力して共通の利益を増進するための組織と位置づけられています。そこが労働組合との違いです。労働組合に対しての便宜供与とか経費援助は御用化しようと思ってやってるだろうと見られるわけですが、従業員代表組織の場合は闘う組織ではなくて、労使の共通の利益を増進するための組織ですから、協力・支援していい。ですからドイツでもフランスでも経費援助はいいどころか、法律で経費援助しなさいと、従業員代表の活動にかかるコストは全部使用者が負担しなさいということになっています。ヨーロッパの場合は産別組合は、産業別の使用者団体と企業外で、団体交渉をし、ストライキも打つという関係ですが、企業内では労使の共通の利益を増進させるために従業員代表が存在するということで、綺麗に分かれているから、二つの労働者代表組織を同時に認め

ることができてるんですね。

　ところが日本の場合は組合は企業の中にあります。労働組合は本当は闘う団体ですが、日本はかつての非常に厳しい労使対立から教訓を学んで、ただ対立するのは労使共にメリットがない、むしろ協力すべきところは協力してパイを大きくする方がいいということで、安定的な労使関係に移ってきました。したがって、ストライキも非常に少ない。しかし労働組合は、本来は闘うべき団体ですね。そこに今度は協力することを前提に労働者代表制度のようなものを入れたら、闘うべき存在である組合がいよいよ弱体化してしまうのではないかという危惧が、恐らくさきほど小畑さんも言われたデメリットとしても指摘されているようですね。

小畑　ですから連合の制度設計も、あくまで過半数組合のないところについては労働者代表制だと、過半数組合があるところについては組合とは別に労働者代表制を作るのではなくて、過半数組合を労働者代表制とみなすという制度設計になっています。

荒木　労働組合の権限を侵食しないことを条件に、ということが大前提だということですね。過半数組合があればそれが労働者代表にもなるという構造ですと、そこはいいんですが、組合がないところについても、労働者代表制を設けることに反対という方もおられますよね、この辺はどうですかね。

小畑　組合がないけれども、そこに過半数代表制、労働者代表制ができてしまった時に、それができてしまったが故に労働組合を作る動機付けがなくなってしまう。そこはやはり一番恐れますよね。片方は自主的に結成し、組合費を払い、会社と交渉をし、労働条件を獲得し、獲得した労働条件を組合員に労働協約で適用していくという、そういう組織運営になりますけれど、片方は法律でもって組織を作って組合費は当然払わない。労働者代表委員会の運営も企業から経費の負担が

されるとなった時に、うちの会社にそういう組織があるのだったら、もう労働組合は未来永劫いらないねと、こういう話になりかねないぞという危惧です。

荒木　JILPTの研究会報告書もその点については非常に重要な問題だと考えていますが、労働組合は、ストライキ権を持っています。日本ではあまり行使しなくなってしまいましたが、これは強力な権利です。本来はストライキというのは、契約違反ですね、9時から5時まで働きますという契約をしているのに働かないわけですから。それで損害賠償請求されるはずなのに、労働組合はそれが正当なストライキであれば、損害賠償責任も負わないという特別な権限を持っている。

　労働者代表ないし従業員代表と労働組合の一番大きな違いは、労働者代表制度はストライキ権を持っていないということです。労使コミュニケーションは密にやっていいんですけど、使用者があまり真剣に話を聞いてくれないという時には、やっぱり労働者代表そのままじゃダメだ、本当にいうことをきかせるためには闘う武器を持った組合にならないといけないんだということになれば、それから組合に転換することが十分にあり得るんですね。逆にそのためにも、組合が特別に持っている権限があって、労働者代表にはその権利は与えられないというように、差をつけておくことが大事です。そうしないと組合の権限を事実上奪ってしまうということになりかねない。組合の権限を侵害しない前提で、というのはそういう制度設計に反映されてくるのかなという気がしました。

労働者代表制から労働組合への移行

小畑　特に組合不要論につながるということに関しては、いま先生のおっしゃったように、この制度を導入する中で実際に自分たちが労働者代表制の運営をしていく経験を積んでいった時に、その経験というのはやはり労働組合運営そのものに生かせるということになるでしょう。あくまでも不要論というのは労働者が思っているのではなくて、

会社がそう思うのではないかという憶測に過ぎないのではないかと思っています。そうすると実際に導入してそれを運営することによって労働者自身が組織運営に自信を持ち、会社との労使協定の中で一定程度の成果を勝ち取った時に、それ以上のものを得るにはどうしても労働組合でないと無理だというところに絶対立ち至ると思うのですね。先生のご指摘のように、そういう形で労働者代表制が労働組合に切り替わっていくということは十分あり得るだろうと思っています。

それと反対論者の人が言う中で多いのは、少数組合をどうするのだという話なのですね。少数組合については連合案もそうですけれども、労働者代表委員の名簿提出権を与えるということ自体が、これは大きなインセンティブになっていると思っていますし、それをすることによって労働者代表委員会の中に少数組合の出身者が入って、労働者代表委員会の運営の中でリーダーシップを発揮していくようになれば、それがゆくゆくは少数組合が多くの従業員の理解を得ることで過半数組合に脱皮するということもあると思っています。少数組合にとって「この制度は入れたらだめだ」という反対論の根拠というのは、必ずしも障害にはならないだろうと思っています。

荒木 さきほど平田さんから、若い人たちが労働法の知識もなくて、というお話がありましたけれども、現にそうなっていると思うんですね。法制度自身はいろんな機会に過半数代表者と話し合って協定を結んで運用してくださいということになっているんですけれども、いまは過半数代表者という一人の人に、使用者が例えば残業時間月60時間の協定締結を要求してきたとしても、これに署名押印してもよいものかと考えると、一方では残業代欲しいからそのくらいいいよっていう人もいるかもしれないし、いやこれはワークライフバランス上も問題だという意見があるかもしれない、その中でどのくらいが妥当なんだろうかということを判断するには、一人の労働者じゃ無理ですよね。でも、労働者代表制度のような機関ができて、その中で話し合えば、使用者の提案はこのままではのめないとかそういうことが出てく

113

る。そういった判断をきちんとするためにも、実は、法的な知識が大事で、それがあれば使用者とも対峙できる。

　もしこういう労働者代表の組織ができて、例えば、金曜日は労働者代表業務の専従日（賃金は通常勤務同様に支払われる日）ということで、その任務を果たそうとすると、自ずと労働法も勉強しないといけないと思うでしょう。私はここが労働組合が一番活躍すべき場面だと思います。まだ組合がない企業で労働者代表組織ができたというときに、組合からアプローチして、いつでも必要な労働法の知識は教えてあげますから、それできちんと労働者の利益を守ってくださいと情報提供、労働法教育をする。労働者代表は、いろんな場面で労使協定を結ぶことになりますが、その時にこの前組合の講習会で聞いたことは役に立つじゃないか、ということになってくる。

　さらには、従業員代表としてやれる権限は自ずと組合とは違うことも分かってきます。労働者のために労使協定に応ずるかどうかだけではなく、むしろ労働条件改善等をこちらから使用者に主張しなければいけないという時には、労働者代表からもう一つ次の労働組合というステージに移る必要があることも認識されるでしょう。そういう展望を描かない中で、組合があるところにはあるが、無組合企業での組織化は進まず、趨勢としては組合組織率が逓減しているという状況だと思うんですね。その現状を変えるための大きなステップとなる可能性はあるような気がします。

小畑　まさにおっしゃる通りだと思います。想像力を働かして、これが法制化されて実際に企業が「取り組もう」となり、「労使協定を結ぶ機能だけありますよ」と言われた時に、では労使協定の中身はどういう中身なのかという勉強が必要です。例えば36協定であれば、その時間で結んでいいのかどうかは従業員の意見を聞かなければいけない。意見を聞く方法ということも、職場集会の開催の仕方とかも勉強しなければならなくなりますが、そうするとそこで労働組合の経験というものが生きてくる。逆に新しく労働者代表になった人が労働組

合に聞けばそれが分かると。また、結んだ中身を今度はモニターしなければいけない。実際にそれで不具合がないかどうかを見ていくということをやる時に、職場点検の方法であるとか、職場点検の結果を従業員にお知らせする広報の仕方というのも、これもいままでやってなかったことをやらなければいけない。それは組合の機関誌の発行と全く同じ作業になるので、そうすると労働者代表制が一旦機能し出せば、企業別労働組合の活動とほとんど一緒のことだというイメージがあるのです。

　ですからそれをすることによって、実は本当に労働組合に衣替えした時にそのノウハウをそのまま身につけることができる。ただ大事なのはそれでよしとするのではなくて、労働組合と労働者代表の違いというのは法定基準の解除機能だけということなのだけれども、労働条件の設定に関しては、これはやはり組合の権能を侵してはいけない。そこの一線を画して棲み分けをしていくことが、今後の制度設計上で大事になってくると思っています。

"正社員クラブ"からの脱皮へ

平田　いまお話を聞いていて思うのですが、同友会理念に「自主・民主・連帯の精神」という柱があります。権利主体である働く側の人たちが、労働組合のように、労働者の自主性が尊重される仕組みが必要だと思うのです。先生がおっしゃるように労働法も知らない、基本的人権も含めて憲法もまともに読んだことがない労働者に対しては、経営者側の方が知識も上回っていますから、真っ白な人たちを誘導するのは非常に簡単です。ブラック企業もそれではびこっているわけですね。

　働く人たちの側に立てば、自分たち自身がその権利を行使するぐらいの知識と力を持たないとどんな仕組み、枠組みを作っても、たやすく経営者の方に利用されてしまう。

　例えば労働組合も「御用組合」が日本にけっこうあると言われていますけれども、そういう組合は淘汰されると思うのです。労働者代表

制が制度化されることによって、経営者側からみても「同じような組織はいらない」というような話になり、労働組合そのもののあり方が問われていくことになると思うのです。

同友会は先のような精神を掲げて対応しているということもあって、理念を理解しボス化せずに組織を束ねられるリーダー（役員）を育てることが大事になっています。労働組合を作る時に、経営側の理不尽な対応を訴えている人をリーダーに据えるっていうのは、往々にしてあるようですが、結構失敗することが多いとお聞きしています。全体をまとめられるようなリーダー、労働法も理解して、他の社員からも信頼され理論的展開がちゃんとできるような人を中心に据えないと、やっぱり労働組合にしても代表制を作るにしてもうまくいかないと思います。労働者としての働く仲間というスタンスと、そういう人たちを取りまとめて教育していくような人たちがその中にいらっしゃらないと、うまくいかないでしょうね。

荒木　この労働者代表制度を考えるとき、重要な背景事情として、労働者の多様化の問題があると思っています。よく言われているのは、日本の労働組合は正社員クラブ的なもので、非正規従業員が組織化されてない、彼らの声がきちんと届けられてないんじゃないかということがあります。さらに正社員の中でも、非正規の中でも非常に多様化が進んでいる。多様化した労働者の声が多様化したままバラバラというのは、実は経営側にとっても非常に困る状況ではないかと思ってます。経営者として労働者の団体があって、そこが窓口として労働者の意見が集約されていれば、やりやすいということがあると思います。いま個別の利益が非常に多様化してるわけですが、例えば労働条件にしても就業規則変更にしても統一的にやらざるを得ない。一人ひとりバラバラにはできませんから、どこかで意見の集約をしなければいけない、そういう時に労働者側のまとまった声、その声を伝える一つのチャネルがあるのとないのとでは、労働側にとっても使用者側にとっても大きな違いがあるのではないかと思います。

平田 そういう中から職場のリーダーも育っていく可能性があります
し、社員一人ひとりの声に耳を傾けて職場の声をまとめていくという
ような、本来労働組合に求められるような力も一定程度必要になって
くるだろうなと思います。

　経営者や会社に対する不満など経営者の元に届きにくい社員の声
も、まとめ役の方がいて会社に伝えてもらえ、改善に向けた対応がで
きるのは会社にとって大きなメリットだと思います。

小畑 多様な従業員の声をどう代表するのかというのは制度的にもや
はりポイントになるところです。過半数組合イコール労働者代表とみ
なすというのはいいのですけれど、ただ、みなした場合にあくまでも
正規従業員の過半数といいますか過半数労働組合であったとしても、
それ以外の非正規であるとか、管理職であるとか、そういった人たち
までは代表していないでしょということがある。どのようにして過半
数組合が労働者代表制における本当の労働者代表としての正当性を担
保するのかという議論があり、その辺のところの意見集約の仕組みが
今後重要になってくると思います。またこの制度そのものの設計の時
に非正規の人であるとか、男女であるとか、雇用形態別の労働者の属
性に応じてその人数比率で代表委員を選出するであるとかという制度
設計にもなっているので、多様な労働者の意見を吸い上げる仕組み自
体はできるのかなという感じはしています。そういった意味でもこれ
からの制度として期待できるだろうなと思っています。

労働者代表制が導入されるとなれば

荒木 いまの過半数代表というのは組合と違って残業義務を課した
り、配転義務を課したり、そういう義務を課すことはできないんです
ね。あくまで最低基準を下回ることを許すという協定しかできない。
実際、何時間残業義務を負わせるかということは、協約か就業規則か
個別契約でやらなければいけないという仕分けがある。ですから過半
数代表は自動的に事業場の全員を代表してしまうのですけれど、代表

できる意味が限定されています。組合は権利を与えることもできるし、義務を課すこともできると、そういう意味では強力な組織です。これで一応の線が引かれているんですけど、従業員代表、労働者代表にいろんな労働条件の規制権限を与えていこうとすると、どういう前提の下にどこまで与えるかは、組合との線引きの問題になる。与えるとするとどういう手続きを課すかとか、労働者の声を反映させる仕組みをどれだけ作るのかという辺りが今後詰めなければいけない問題になってくるような気がします。労働者代表がメリットのあるシステムだとしまして、具体的に導入する場合には、いろいろと留意すべき点があるのではないかと思いますが、この点については小畑さん如何でしょうか。

小畑　導入されるとなれば、これは法律で設置が義務づけられるわけですから、厚労省もガイドラインを出し、それに従って一斉にということになると思います。いままでなかったものを新たに会社の中に作るとなると、かなり混乱が起きる可能性もあります。導入の準備段階として労働者代表制の規約はどのように作るのかということもありますし、選挙管理委員会の設置はどうするのかということもある。それとうちの事業所の中での便宜供与というのは、どこまで労使で協定するのかということもありますから、その辺のところの準備作業はかなり大変でしょうね。

　連合案の中にもあるのですけれど、立ち上がった後の研修というのは想定しているのですが、立ち上げるまでの準備の指導については規定していません。これをどこかでやる必要があるのだろうなと思っています。これはおそらく第一義的には行政機関ですよね、労働委員会であるとか、労政事務所であるとか、労基署でとかということに加えて、産別労働組合や連合、およびそれぞれの地方組織も含めてそういったところが従業員の指導に当たるということも必要なのではないか。それとこの制度を実際に入れるとなった時に、経営側も反対する場合もあるでしょうし、それから政府もこの法律を作る時に「はいそ

118　座談会　労働者代表制導入で労使関係はどう変わるか

うですか」とすんなりいくかどうかは分からない部分もあります。過半数労働組合が反対するというケースもあるでしょうから、それぞれのハードルを越えなければいけない。

　経営者側のバリアということについては、基本的にこの制度は反対する中身ではないのだろうなと思っています。法定基準を解除するという機能を強化する話ですから、基本的に経営者はそんなに反対はしないと思っています。なおかつ労働組合と労働者代表制の違いということで、産業平和条項を入れようと考えています。ストをさせないということですね。ストライキ権を与えないということ。それから労働組合活動の妨害禁止規定というのも入れるということと、労使交渉しやすいように経営資料の提供義務を負わせる部分は連合案の中に入っていますから、もし経営側の方が難色を示すとなるとその辺の資料提供義務をどう考えるかという部分かもしれません。その便宜供与の部分で大手とか中堅とかは多分大丈夫なのでしょうけれども、中小の場合に、「いやあそんな便宜供与はできないよ」となる可能性はあるので、その辺をどう説得をして乗り越えていくのかがポイントになってくるかと思っています。

　それから政府も多分この制度を導入することに対しては、それほど後ろ向きではないと思っています。ただこの制度が労働組合につながっていく組織だという捉え方をされた場合に、規制改革論者の中には労働組合の存在そのものが経済活動の障害物と捉えているフシがありますので、その辺のところを企業経営にとってもプラスになるのだということを認識させられるかどうかがポイントになってくる。それから過半数組合がこの制度を導入する時の指導機関になるということであれば、過半数組合もそういうことであれば賛成しますよ、となるのではないでしょうか。

小規模企業での導入はどうなるか

平田　下請等の中小企業の取引条件改善について中小企業庁の担当官に話を聞きました。経常利益の推移が最初のページにあります。グラ

119

フでは大企業はずっと右肩上がりで伸びている。ところが中小企業は、取引条件がよくならないので利益が上がってない、低迷している。次のページを見ると、取引条件でどんな問題が起きているのか、中小企業へのヒアリングの結果が出ております。例えば貸切バス事業のところとトラック運送のところを見て頂きますと、例えば「適正運賃料金の主張ができない」、「荷主の都合による荷待ちの待機をさせられたが、費用の支払いがない」、「検品などサービスをさせられるのに費用が支払われない」など、貸切バスでは「旅行業者からの運賃料金の引き下げ等の要請があるのは他に安く契約するバスの事業所が存在しているから」と、運送業者への負担が増えています。下請け関係にあるところでは、中小企業の方が力が弱いので、「原価低減活動」などというような名目で単価の切り下げが行われ、利益が上がらない仕組みになっている。

　うちの調査結果でも、100名を超える企業には25％に労働組合はあるけれども、平均すると3％ぐらいしか労働組合はない。今回の就業規則の調査でも3,700社ほど回答していますが、全国の会員数46,000社中、社員数10人未満の会員企業というのが半数です。ということは、25,000社が10人未満です。

　調査では社員数10人未満の企業は48％が就業規則を作っていなかった。労基署への提出義務がないだけなのに、「提出義務がない」＝「作らなくてもいい」というような勘違いがあるのです。

　就業規則も整備されていない10人未満の企業に労働者代表制をもちこんでも、まず混乱します。家族経営みたいな企業も結構多いですし、この制度は何のために必要なのかが明確にされないと経営者も社員も理解できない。では、小企業ほど待遇が悪いのかというとそうでもない。資料にあるように、女性正社員の一人あたりの子ども数のグラフをみると、小規模企業ほど子ども数が多い。制度的には整備されていなくても、一人ひとりの社員に柔軟な対応をしていることがわかります。

　中小企業の方が、高齢者や女性の雇用割合が高い、それから障害者

雇用も圧倒的に小規模企業の方がたくさん雇用している。日本では10人未満の企業数が圧倒的に多いのですが、どういうアプローチをしてこの労働者代表制という考え方を取り入れるのかは大変難しい部分がある。ですから経営者がこの問題を学ぶ機会を持つことは非常に重要だと思います。労働者側の教育も大事なんですけれども、そもそも何のために就業規則が必要なのかとか、労働者代表制がなぜ必要なのか、自営業みたいなところでこれをどういうふうに導入するのか、もしくは導入しないのか、その辺りの考え方の整理が必要です。

　労働法の枠組みをもっと経営者に都合のいい方向に持っていく、「労働者代表制」が規制免除のための組織と考えれば、何となく理解しやすい経営者もいるかもしれませんが、狙いはそこではないということですから、単純に一般の経営者には理解できないと思います。

　例えば産業別組合があり、「この産業では賃金を何％上げるんだ」と、強く声を出してもらえれば下請関係であっても、中小企業でも賃上げのコストアップ部分を上乗せしやすい仕組みができます。そうすれば、社員の賃金が上がり、地域でお金も回るようになり、地域全体も潤う。そういう意味で労働組合さんに期待する部分っていうのは個人的にはあります。

小畑　小規模のところで本当にこの制度を入れて機能するのかという議論はもちろんあります。ですから連合の中でも就業規則作成義務のあるなし、それが一つの基準になるだろうということで、制度を入れるとすると10人以上だという形になって、10人以下の場合はどうするのかというところについては、連合は労働者代表制ではなくて労働者代表員を置くという言い方をしています。イメージとしては現行の過半数代表者に労働者代表委員会の委員が持つような機能を、常設の機関という扱いにしてその人に担わせるというようなことを想定しています。ですから、いまの組織率を考えた時にまずは10人以上で労使の交渉のチャネルがないところに入れていくところからスタートしましょうという方向だろうと思っています。

121

平田 先の調査で、中小企業庁の方が紹介していたのは、中小企業の
ヒアリングで、利益が出たら中小企業の経営者はまず7割が賃金を上
げてやりたいと考えているという点です。ところが大企業は3割。取
引条件の改善には3%とトリクルダウン効果はほとんど出てこない仕
組みになっていることが明確になりました。

　雇用の7割を支えている中小企業にお金が回れば回るほど、お金は
より多くの国民の賃金に回るということをここでは示しています。し
かし、今の状態では、中小企業にはトリクルダウンの効果は出てこな
い。

小畑 本当に下まで滴ってはこないです。

平田 小規模企業のところについていえば、経営も厳しいし、賃金を
上げたいのは山々だが、そう簡単にできない。定期昇給なども難しい
と思っているような経営者には、労働者代表制どころか就業規則や賃
金規定をつくることに抵抗があるかもしれません。

　しかし、10人未満の企業だからといって、一人でも雇用したら、
就業規則はつくるべきと同友会では考えていますので、10人未満の
企業を意識したガイドラインを私共で独自に作ろうとプロジェクトを
作って取り組んでおります。

情報提供義務について

荒木 労働組合しかできない話というのは、企業外の、正に産業レベ
ルで、業務を企業の外にアウトソースするような形で重層的な下請け
化が進む。そこでの労働条件をどうコントロールするかは、企業の中
で議論しても埒のあかないことなんですね。ですからヨーロッパの産
別組合は、正にその業界としての働き方、この賃金単価以下では誰も
この業界では労務を提供しないということになれば、払わざるを得な
い。しかし、そのような規制がないと、もっと安く使って頂けますよ
という業者がいたら、そこで正にレース・トゥ・ザ・ボトム、ドンド

122　座談会　労働者代表制導入で労使関係はどう変わるか

ン賃金引き下げ競争に巻き込まれてしまいます。そういう問題は、実はいくら企業内の労使が協力すると頑張ってもダメなんですね。ここは正に企業を超えた労働組合の登場すべき場面かなと思いました。

　資料提供業務についてもお話がありましたが、労使が情報を共有することが何よりもお互いに信頼して行動するための前提ですから、非常に大事なことだと思います。ただ、情報提供の義務については、一筋縄ではいきません。ヨーロッパでは従業員代表制度を制度化し、彼らにはこういう情報を与えなさいと法律で書いた。法律に書くことの良し悪しがありまして、書いてあると形だけそれに従って、情報提供義務は果たしましたとなる。

　日本の労働組合が強かった頃に、労使協議制が始まりましたが、あれは団体交渉の前に事前に腹を割って話し合おうというものでした。団体交渉は法律上、団交義務がある、だから団体交渉を要求されたら応じなければいけない。団体交渉で出すべき情報は何か、これもフォーマルに法的な義務がかかる。そのように法的義務がかかると、かえって、提供される情報は、法的義務に違反しないレベルのミニマムなものになりがちなんですね。ヨーロッパの情報提供義務も法に規定された以上の情報は一切出さないという傾向が指摘されています。これに対して、法的義務がないインフォーマルな場だから、より多くの情報を提供し、労使で共有することが起こりうる。日本の労使協議は、フォーマルな団体交渉と区別されたインフォーマルな情報共有の場として、大きな意味がありました。労使協議において本当の協議がなされ、団体交渉は実はむしろ形式的だとよく言われました。そういうところがあるので、この資料提供義務は両刃の剣で難しいところがあるかもしれません。

小畑　資料提供を義務化すると、それしか出てこないとしてもそれが出るのだったらこれは大したものだという感覚があります。会社によっては、なぜあなたたちに見せなきゃいけないのかというところから始まりますから、議論なんて全然かみ合わないわけですよ。それが

限定されたとしても、出てくるということは、一歩前進、二歩前進ということになるのだろうと思います。とっかかりとしてもそれがいいのかなという気がします。

労働者代表制導入で労使関係はどうなるか

荒木　最後にまとめに代えて、労働者代表制を導入した場合、将来の労使関係はどう展開していくかという展望について、少しお話を頂きたいと思います。

小畑　日本の雇用労働者の比率はものすごく高いのですよね。世界に冠たる雇用社会だといわれているのですけれども、しかし社会における労働者の発言力というのが異常に弱いと感じています。ですからそういう意味でこの労働者代表制ができて、労働者の意見を集約する、労使の交渉のチャネルができる、そういう組織ができるということは、働く者の地位が日本社会の中で一歩も二歩も向上していく大きな契機になっていくことは間違いないと思っています。その上で労働組合的な発想で申し上げると、過半数労働組合があるところはそれでいいでしょう、ないところについてはこの労働者代表制を入れましょうとなる。労働者代表制を入れるところについても、規模の大小がありますので、連合の労働者代表法案要綱骨子（案）の流れで言うと、事業所ということになりますから、組合のないある程度の規模を持つ事業所というのは、いくつもの労働者代表委員会が一つの企業の中にできるということを想定していますから、それを想定した上で企業単位で一つの「中央労働者代表委員会」を組織しようというところまで提起しています。私はそこからさらに一歩進んで、その中央労働者代表委員会を産別加盟することはできないかと考えています。そうなると労働者の声というのが非常に社会の中に通りやすくなるのではないかなと思っています。

　それともう一つはそういう形で労働者代表委員会という制度設計をしていった時に、一方で労働組合の存在がある意味埋没しないように

するためには、労働協約の拡張適用を、いまよりも適用の要件を緩和をして、より多くの労働者に協約の効力が及ぶように法律を変えていかなければいけないのではないか。そうしないと労働組合自体の力が弱まってしまう。その辺のところを危惧しています。ですからイメージとしては10人以下の場合は労働者代表委員、過半数代表制を強化した労働者代表委員を置く。10人以上で過半数組合のないところは労働者代表委員会が全ての事業所をカバーする。過半数組合のあるところは、その過半数組合が労働者代表委員会を兼ねていく。そして労働者代表委員会が産別に加盟することを可能にする。そのような形で全ての労働者が何らかの労働者代表組織に加入していくというのが理想です。なおかつ労働協約の地域的拡張でもって、より高い労働条件をより多くの労働者に適用していくというのが、これからの雇用社会の理想的な姿なのではないかと思っています。

平田　労働者代表制そのものについて経営者として私共の会として議論はまだ一度もしたことがないので、会としてのお話はできませんが、「中小企業における労使関係の見解」からすれば、社員をパートナーとして考えていく時に、そういう組織がきちっと確立されていくということは非常に重要だと思います。社員の声を安定的にまとめていける、それを突然ぶつけるということではなく、日々確かめられる組織があるというのは経営をしていく上で、風通しがよくなり社員との関係もつくりやすくなるのではないかということです。もう一方で問われるのは、経営者自身の力量です。

　人物的にも社員から信頼されるリーダーシップが経営者自身にあるのか、経営者としての能力を高めていくということが問われます。労働法にしても、財務の問題にしても経営者としてのマネージメント力をちゃんとつけていかないと、将来何があってもしっかりと雇用を守り企業を維持発展させることはできないでしょう。

　労働組合が制度設計や労働者教育でお世話をして下さるという側面もあろうかと思いますが、労働組合の存在意義が逆に問われてくる場

面もあるでしょう。

　特にいまの若い人たちは非正規雇用が非常に割合として高くなっていることもあって、正規雇用の労働者しか組織していない労働組合とちがって、自分たちの声が「労働者代表制」で反映できる、そういう窓口ができるというだけで安心感も違ってくると思います。理解が広がれば、労働者代表制への期待も高まるのではないでしょうか。そのことも含め、経営者としてはしっかりと勉強して、社員とともに成長していける機会ととらえることが大切だと思います。

配慮してほしい３つの点

荒木　私は三点ほどお話しさせていただきたいと思います。一つは最初に話したように、もう5人のうちの4人が組合がない環境で働いている。これは労働法が想定していた事態ではないです。このような状況においては、やはり労働者の声を吸い上げて集約するなんらかのチャネルが必要なのではないか。そこからどういうふうに発展していくかは、従業員代表のままでもいいですし、それから組合に発展する場合もある。それはそれぞれの労働者たちの選択かなと思います。しかし、集団的なチャネルが何もない場合には、法定の最低労働条件基準の他は、すべて使用者と労働者の個別交渉に委ねてしまうことになり、様々な問題が噴出してしまうという気がします。

　二つ目に、ご指摘もありましたけれど、正規・非正規の利害の対立ですね。伝統的な労働組合は、どうしても正社員の団体という色彩が濃厚でありまして、非正規の声を代表するチャネルがなかった。労働法で裁判で争いになる場面として、例えば就業規則の不利益変更が合理的なのかという問題があります。使用者が一方的に就業規則変更をやると、裁判所は合理性があるとかないとかの審査を全面的にすることになります。しかし、労使でよく話し合って、企業の厳しい経営状況を共有し、例えば雇用を守るためには労働条件のうち、この部分はある程度引き下げないと仕方ないということを納得した上で就業規則不利益変更であれば、裁判所は労使、特に労働者の多数を代表する労

働組合等の了解も得た変更であれば、合理的とみていいだろうと、労使の判断を尊重した合理性審査となる傾向が見られます。このように、集団的な相手があって話し合った結果下した経営判断と、そうではない使用者の一方的な経営判断とでは、裁判となった場合の裁判所の司法審査の厳しさが違います。

集団的パートナーがいないということは、それだけリスクが高いということでもある。有期契約と無期契約の格差が不合理ではないかが大変話題になっている定年後再雇用の有期契約労働者の賃金格差がありますけれど、こういう問題も、実は正規と非正規とで賃金についてどの程度の格差にするか、あるいは格差をつけないのか、これもやっぱり非正規を含む労使で話し合った結果、出した答えであれば、裁判所も不合理だ、とはなかなかいえないということになると思うのです。話し合って決める相手がいなければ、全面的に裁判官が審査することになりそうですが、それは個々の裁判官の判断に委ねられ、法的な安定性を欠いた不安定なことになってしまうでしょう。

労働条件をどうするかということは、労使の話し合いを促進することによって、労使関係も安定させるべきで、裁判所の判断についても予測可能性を高めるべきでしょう。非正規雇用が増え、雇用が多様化した中で、労使関係を安定させる一つの解が、非正規を含む全従業員の声を代表する労働者代表制ではないかという気が致します。

三点目ですけども、これは立法にも若干関与した経験に照らして、労働立法の際にたいへん苦労するのは、労働者の利害が多様で、ニーズも多様なことなのです。労働立法とは、国家レベルという最も中央集権的なところで一定の価値判断をして、規範を決めることです。その規範が適切な労働者にもいるでしょうか、そんなことやってもらったら自分は困る、たとえ労働者を保護する立法であってもそれは自分にとっては、却って自由が阻害されて困る、ということもあって、なかなか立法のコンセンサスは得られず、労働立法が進まないことがあります。そこで、法規範としては、一応このように設定するけれども、現場に降ろした時に、当該労使にとってこれは窮屈すぎるとか、もっ

と柔軟にした方がいいとか、そういう調整を現場できちんとやってくれるのであれば、法を作る時も、労使が一致して異なる規範を用いたいといわなければ、これでやってくださいというデフォルトルールみたいなものを作る。現場に降ろして労使が、きちんと話し合って、法はこうなっているけれど、自分たちとしてはカスタマイズして別の規範とした方が労使双方にとってよい、という時には、それを認める。

　このような調整を担いうるきちんとした仕組みが現場にあれば、実は、労働立法も進展するように思います。いまは、法律で一律の規制は妥当ではないから、現場での調整を認めようとしても、現状の過半数代表者のような制度では濫用されてとても任せられないとなる。そういう意味では、現場に使用者と対等に話し合える労働者の団体があるかどうかというのは、労働立法を促進する上でも非常に大きいのではないかと思っています。そうすると、随分労働の世界も変わるのではないか、そういう気がしております。

第3部
資料編

資料編

労働者代表法案要綱骨子（案）

連合 第9回 中央執行委員会確認／ 2006.6.15

1 目的

事業場において労働者の過半数で組織する労働組合がない場合において、労働諸法規等に労働者代表等との協定締結・意見聴取等を定められたものにつき、労働者を代表する機関を設置し、その自主的、民主的な運営を確保する枠組みを法的に整備する。また、労働者の過半数で組織する労働組合がある事業場においては、労働諸法規等に労働者代表等との協定締結・意見聴取等を定められたものにつき、過半数労働組合が非組合員を含めた当該事業場の全労働者の意見を適正に集約できるよう法的に整備する。

2 定義

（1）労働者

本要綱において労働者とは、名称の如何によらず、当該事業場に使用されるすべての者をいう。

（2）代表委員会等

本要綱において労働者代表委員会等とは、労働者代表委員会（仮称）および中央労働者代表委員会（仮称）をいう。

3 労働者代表委員会等の設置

（1）10 人以上の労働者を使用する事業場

　使用者は、常時10 人以上の労働者を使用する事業場について、当該事業場に、労働者の過半数で組織する労働組合がない場合においては、労働者代表委員会を設置しなければならない。

（2）10 人未満の労働者を使用する事業場

　使用者は、（1）に定める事業場を除く事業場について、当該事業場に労働者の過半数で組織する労働組合がない場合においては、労働者代表員を置かなければならない。

（3）過半数労働組合がある事業場

　事業場の労働者の過半数で組織する労働組合がある場合においては、当該過半数労働組合を当該事業場の労働者代表委員会とみなす。

4 中央労働者代表委員会の設置

　当該企業に複数の事業場を有する場合、及び、会社が親子会社の関係にある場合、各事業場につき共通の事項に関しては、各事業場の労働者代表委員会から選出された労働者代表中央委員で、中央労働者代表委員会を設置することができる。

5 過半数労働組合の成立と労働者代表委員会の解散

（1）労働者代表委員会の解散

　労働者代表委員会は、当該事業場で労働者の過半数で組織する労働組合が成立した場合は、第10項（1）に定める権限を喪失し、総会をもって解散する。

（2）過半数労働組合への協定の承継

　（1）により解散した労働者代表委員会が使用者と締結していた協定については、新たに労働者代表委員会とみなされる当該過半数労働

131

組合がこれを承継する。

6 労働組合の優先

労働者代表委員会等は、労働組合の結成、労働組合の団体交渉、労使協議、労働協約の締結、その他の組合活動を妨げてはならない。

7 労働者代表委員の選出

（1）委員の選挙権資格等

当該事業場の労働者のうち、労働組合法2条但書1号に規定された労働者を除く労働者は、労働者代表委員の選挙権、被選挙権を有する。

（2）委員の人数

労働者代表委員会の労働者代表委員は、事業場規模に応じ、別表に掲げる数を最低人数とする。

（3）委員の任期

労働者代表委員の任期は2年を超えることができない。再任は妨げない。

※ 本項（2）における委員の人数については引き続き検討する。

8 労働者代表委員会の運営

（1）総則

労働者代表委員会は、労働者代表委員により構成され、総会を開き、代表を選出し、規約を定めることができる。

（2）総会

① 総会は、労働者代表委員会の代表者が招集する。

② 代表者は、少なくとも毎年1回総会を招集しなければならない。

（3）規約の記載事項

規約には次の事項に掲げる規定を含まなければならない。

① 名称

② 主たる事務所の所在地

③ 当該事業場の労働者は、労働者代表委員会の全ての問題に参与する権利及び均等の取扱を受ける権利を有すること。

④ 何人も、いかなる場合においても、人種、国籍、思想、信条、宗教、性別、門地又は身分によって労働者代表委員たる資格を奪われないこと。

（4）代表者の選出

労働者代表委員の互選により、労働者代表委員会の代表者を選任する。

（5）運営費

使用者は、労働者代表委員会等の運営のための費用を負担しなければならない。

9 労働者代表委員会等の選挙

（1）選挙の実施時期

労働者代表委員会の定例選挙は、2 年ごとに4月1日から5月31日までの間に行なう。

（2）選出手続

①労働者代表委員会にあっては、その委員は、当該事業場の労働者による、直接無記名投票により選出し、中央労働者代表委員会にあっては、その委員は、労働者代表委員会の委員による直接無記名投票により選出する。

②投票は候補者名簿に記載されている候補者の個人名を記載する。

（3）労働者代表委員の候補者名簿

① 選挙権を有する労働者および当該事業場にある労働組合は、労働者代表委員の候補者名簿を提出することができる。

② 労働者による①の候補者名簿の提出には、当該事業場において選挙権を有する労働者の10分の1以上または10人以上のいずれか小さい数字の人数分の推薦署名を必要とする。

③ 労働組合による①の候補者名簿の提出には、推薦署名を必要としない。

（4）選挙管理委員会

① 当該事業場の労働者の中から、当該事業場における労働者代表委員会の選挙を適正に行うことを目的とする選挙管理委員会の委員を選出する。

② 選挙管理委員会の委員構成は、当該事業場における労働者の性別比を反映するよう努めなければならない。また、当該事業場にある労働組合の代表者が希望した場合には、その代表者またはその者が推薦する者を選挙管理委員としなければならない。

（5）労働者代表委員会の構成

① 労働者代表委員会の委員構成は、当該事業場における労働者の性別比および雇用形態毎の比率を反映するものとする。

② 選挙管理委員会は、選挙の公示と同時に、当該事業場における労働者の性別比および雇用形態ごとの比率を反映した委員構成を示さなければならない。

（6）使用者の選挙介入の禁止

① 使用者は、労働者代表委員および中央労働者代表委員の選挙に介入してはならない。

② 労働者は、選挙の公正性等が疑われる場合には、都道府県労働委員会に選挙の取消を求めることができる。

134　資料編

（7）選挙結果の届出義務等

　労働者代表委員会は、労働者代表委員の選挙結果を労働基準監督署および都道府県労働委員会に届出なければならず、また当該選挙の投票結果を3年間保存しなければならない。

（8）選挙費用

　使用者は、労働者代表委員会等の選挙のための費用を負担する。また使用者は、労働者が選挙に関わる活動を労働時間中に行なう必要がある場合には、有給としなければならない。

10 労働者代表委員会等の権限等

（1）労働者代表委員会等の権限

　労働者代表委員会等は、労働諸法規等に労働者代表との協定締結・意見聴取等を定められたものについてのみ、任務、権限を有し、それ以外の事項について使用者と協議もしくは交渉してはならない。労働者代表委員会等が使用者と法定以外の協定等を締結した場合には、その協定等は無効とする。

（2）労働者代表委員会等の資料・情報請求権

　① 労働者代表委員会等は、（1）の協定締結・意見聴取等のために必要と思われる資料もしくは情報について、使用者に提出を求めることができる。

　② 使用者が資料もしくは情報の提出を拒んだ場合においては、労働者代表委員会等は、都道府県労働委員会に申立を行うことができる。

（3）労働者代表委員会等による意見聴取

　労働者代表委員会等は、（1）の協定締結・意見聴取等に先立って、総会を開催し当該事業場の労働者の意向を確認しなければならない。

135

（4）労働者代表委員会等の決議要件

（1）の協定締結・意見聴取等に関わり労働者代表委員会等が決議を行う場合には、労働者代表委員または労働者代表中央委員の総数の3/4以上の多数決によらなければならない。

11 労働者代表委員会等の会議の傍聴

当該事業場にある労働組合の代表者またはその者が推薦した者は、労働者代表委員会等の会議を傍聴することができる。その場合には、労働者代表委員会等は、当該労働組合に対し事前に会議の開催を適時通知しなければならない。

12 労働協約の優先

労働者代表委員会等と使用者が締結した協定等が、労働組合と使用者又はその団体との間の労働協約と抵触するときは、その労働協約が優先する。

13 不利益取扱の禁止

使用者は、労働者が労働者代表委員であること若しくは労働者代表委員になろうとしたこと又は労働者代表委員として正当な行為をしたことを理由として不利益な取扱いをしてはならない。

14 支配介入の禁止

使用者は、労働者代表委員や労働者代表委員会等の運営を支配し、若しくはこれに介入することをしてはならない。

15 便宜供与等

（1）就労義務の免除

使用者は、労働者代表委員会等の請求により、労働者代表委員に対し、労働者代表委員会等の活動に必要な範囲で就労義務を免除し、この期間中の賃金を支払わなければならない。

（２）研修休暇等

① 使用者は労働者代表委員に対して、毎年5日以上の有給の研修休暇を与えなければならない。

② ①の研修休暇は、日本労使関係研究協会（JIRRA）が開催する研修の他、労働者代表委員会と使用者が協議し決定した研修の受講に限り、取得することができる。

③ 研修に必要な費用は使用者が負担する。

（３）事務所等の貸与

使用者は、労働者代表委員会等の請求により、必要に応じて労働者代表委員会等の事務所、会議のための施設、および活動のための用具等の貸与をしなければならない。

16 調整機関の設置

労働者代表委員会等の選挙に係る紛争、および使用者と労働者代表委員会等の紛争は、都道府県労働委員会が取り扱う。

17 労働者代表員

7項（1）（選挙資格）、7項（3）（任期）、8項（1）（総則）、8項（2）（総会）、8項（3）（規約の記載事項）、8項（5）（運営費）、9項（1）（選挙の実施時期）、9項（2）（選出手続）、9項（3）（候補者名簿）、9項（4）（選挙管理委員会）、9項（6）（使用者の選挙介入の禁止）、9項（7）（選挙結果の届出等）、9項（8）（選挙費用等）、10項（権限等）、12項（労働協約の優先）、13項（不利益取扱の禁止）、14項（支配介入の禁止）、15項（便宜供与等）、16項（調整機関の設置）の規定は、労働者代表員にこれを準用する。

18 労働者代表委員会としての過半数労働組合

8項（1）（総則）、8項（2）（総会）、8項（5）（運営費）、10項（2）（資料・情報請求権）、10項（3）（労働者代表委員会等による意見聴

取)、14項（支配介入の禁止）、15項（便宜供与等）の規定は、労働者
代表委員会の職務を執り行う過半数労働組合にこれを準用する。

19 罰則

　使用者が9項（6）（使用者の選挙介入の禁止）、13項（不利益取扱
の禁止）、14項（支配介入の禁止）に違反した場合には、刑罰を科す。

従業員過半数代表の役割規定法律の現状

			現 行 制 度 名	根拠規定（現行）
労使協定・同意	労働基準行政	1	貯蓄金管理協定	労基法18条2項
		2	財形給付金契約の締結に関する合意	財形法6条の2第1項
		3	財形基金の発起等に関する合意	財形法7条の8第1項
		4	財形基金設立事業場の増加に関する合意	財形法7条の25第1項
		5	信託の受益者となることについての資格の決定	財形法施行令16条
		6	信託金等の額の基準	財形法施行令17条3項
		7	勤労者財産形成給付金契約の承認	財形法施行令23条
		8	賃金控除協定	労基法24条1項但書
			＊財形貯蓄契約等に基づく預金等に係る控除の特例（船員）	＊財形法16条2項
		9	賃金の口座振込みに関する協定	昭和50.2.25 基発112号
		10	休暇手当の支払方法（標準報酬日額による場合）に関する協定	労基法39条7項但書
		11	請負給制によって使用される漁業及び林業労働者の平均賃金の算定方法に関する協定	昭和39.4.20 基発519号，昭和57.4.1 基発218号
		12	法定の退職手当保全措置によらない旨の協定	賃確則4条5号，船員確則4条3号
		13	退職手当保全措置を講ずべき額に関する協定	賃確則5条3号，船員確則5条3号
		14	1カ月単位の変形労働時間制に関する協定	労基法32条の2
		15	フレックスタイム協定	労基法32条の3（則25条の2第3項）
		16	1年単位の変形労働時間制に関する協定・同意	労基法32条の4第1項・2項
		17	1週間単位の非定型的変形労働時間制に関する協定	労基法32条の5第1項
		18	休憩時間の一斉付与の例外に関する協定	労基法34条2項
		19	時間外・休日労働協定	労基法36条
		20	割増賃金相当分の有給代替休暇付与	労基法37条3項
		21	事業場外労働におけるみなし労働時間に関する協定	労基法38条の2第2項
		22	専門業務型裁量労働制におけるみなし労働時間に関する協定	労基法38条の3
		23	企画業務型裁量労働制におけるみなし労働時間に関する労使委員会の決議	労基法38条の4第1項
		24	労働時間に関する協定に代わる決議（労使委員会，時短推進委員会）	労基法38条の4第5項，時短促進法7条
		25	時間単位の年休取得	労基法39条4項
		26	計画年休協定	労基法39条6項
		27	一般乗用旅客自動車運送事業に従事する自動車運転者の拘束時間等に関する協定	平成元.2.9 労告7号2条1項，2項
		28	寄宿舎規則の作成・変更に係る合意（寄宿舎代表）	労基法95条2項
		29	安全委員会（衛生委員会・安全衛生委員会）委員の推薦等に関する規定の適用除外に関する協約	労安法17条5項，18条4項，19条4項
	職業安定行政	30	継続雇用対象者の基準	高年齢者雇用安定法9条2項
		31	高年齢雇用継続給付，育児休業給付，介護休業給付の事業主による支給申請手続の代理に係る協定	雇保則101条の8，101条の15，102条
		32	雇用調整助成金の支給に関わる協定	雇保則102条の3第1項2号
		33	中小企業緊急雇用安定助成金に関する暫定措置	雇保則15条の2
		34	労働移動支援助成金（再就職援助計画，求職活動支援計画書）に係る同意	雇保則102条の5
		35	中小企業定年引上げ等奨励金の支給に関する協定	雇保則104条2項
		36	高年齢者雇用モデル企業助成金の支給に関する協定	雇保則104条4項
		37	定年引上げ等奨励金の支給に関わる出向協定	雇保則104条2項
	確定給付企業年金法	38	確定給付企業年金に係る規約の作成・変更に係る同意（年金被保険者等の過半数代表）	確定給付企業年金法3条，同6条2項
		39	規約型企業年金の統合承認申請に係る同意（年金被保険者等の過半数代表）	確定給付企業年金法74条2項
		40	規約型企業年金の分割承認申請に係る同意（年金被保険者等の過半数代表）	確定給付企業年金法75条4項

労使協定・同意	確定給付企業年金法	41	企業年金実施事業所の増減に係る同意（年金被保険者等の過半数代表）	確定給付企業年金法 78 条 1 項
		42	企業年金実施事業所に係る給付の支給に関する権利義務の他の確定給付企業年金への移転（年金被保険者等の過半数代表）	確定給付企業年金法 79 条 4 項
		43	規約型企業年金から基金への権利義務移転（年金被保険者等の過半数代表）	確定給付企業年金法 80 条 5 項
		44	基金から規約型企業年金への移行（年金被保険者等の過半数代表）	確定給付企業年金法 81 条 5 項
		45	規約型企業年金の終了（年金被保険者等の過半数代表）	確定給付企業年金法 84 条 1 項
		46	企業年金実施事業所に係る給付の支給に関する権利義務の厚生年金基金への移転（年金被保険者等の過半数代表）	確定給付企業年金法 107 条 5 項
		47	規約型企業年金から厚生年金基金への移行（年金被保険者等の過半数代表）	確定給付企業年金法 108 条 5 項
		48	厚生年金基金の設立事業所に係る給付の支給に関する権利義務の確定給付企業年金への移転（年金被保険者等の過半数代表）	確定給付企業年金法 110 条の 2 第 5 項
		49	厚生年金基金から規約型企業年金への移行（年金被保険者等の過半数代表）	確定給付企業年金法 111 条 5 項
		50	企業年金実施事業所に係る給付の支給に関する権利義務の移転を申し出る際の手続等（年金被保険者等の過半数代表）	確定給付企業年金法施行令 50 条
		51	新たに確定給付企業年金を実施して給付の支給に関する権利義務を承継する際の手続の特例（年金被保険者等の過半数代表）	確定給付企業年金法施行令 53 条
		52	準用規定（年金被保険者等の過半数代表）	確定給付企業年金法施行令 73 条 4 項
		53	新たに確定給付企業年金を実施して適格退職年金契約に係る権利義務を承継する場合の手続の特例（年金被保険者等の過半数代表）	確定給付企業年金法施行令附則 3 条
		54	新たに厚生年金基金を設立して適格退職年金契約に係る権利義務を承継する場合の手続の特例（年金被保険者等の過半数代表）	確定給付企業年金法施行令附則 8 条
		55	労働組合の同意を得た場合の添付書類	確定給付企業年金則 2 条
		56	給付減額の手続（加入者の 1/3 以上で組織する労働組合）	確定給付企業年金則 6 条 1 項
	確定拠出年金法	57	確定拠出年金規約の承認（年金被保険者等の過半数代表）	確定拠出年金法 3 条 1 項
		58	確定拠出年金規約の変更承認申請に係る同意（年金被保険者等の過半数代表）	確定拠出年金法 5 条 2 項
		59	確定拠出年金規約の変更済みの届け出に係る同意（年金被保険者等の過半数代表）	確定拠出年金法 6 条 2 項
		60	確定拠出年金に係る規約の終了に係る同意（年金被保険者等の過半数代表）	確定拠出年金法 46 条 1 項
	厚生年金保険法	61	厚生年金基金の規約作成に係る同意（被保険者 1/3 以上で組織する労働組合）	厚生年金保険法 111 条 2 項
		62	厚生年金基金事業所の増減に係る同意（被保険者 1/3 以上で組織する労働組合）	厚生年金保険法 144 条 2 項
	その他	63	ユニオン・ショップ協定	労組法 7 条 1 号但書
		64	育児休業または介護休業をすることのできない労働者に関する協定	育児介護休業法 6 条 1 項但書，12 条 2 項
		65	3 歳未満の子を養育する労働者からの請求があった場合の時間外労働	育児介護休業法 16 条の 8 第 1 項
		66	3 歳未満の子を養育する労働者の所定労働時間短縮対象外	育児介護休業法 23 条 1 項
協議	継承・契約	67	会社分割の際の雇用する労働者の理解と協力（会社分割に当たり当該事業所の過半数代表等との協議）	労働契約承継法 7 条（労働契約承継則 4）
		68	就業規則による労働契約の内容の変更（労働組合等との交渉の状況）	労働契約法 10 条

意見聴取	労基等	69	就業規則の作成・変更に係る意見聴取	労基法 90 条 1 項
		70	安全衛生改善計画の作成に係る意見聴取	労安法 78 条 2 項
		71	安全衛生計画の作成に係る意見聴取	労働安全衛生法 78 条 2 項
		72	派遣期間の変更に係る意見聴取	労働者派遣法 40 条の 2 第 4 項
	会社更生・民事再生	73	事業の譲渡の許可の申立	会社法 896 条 2 項
		74	営業譲渡の許可の際に裁判所の労働組合等の意見聴取	破産法 78 条 4 項
		75	会社更生申し立ての決定前に裁判所の意見聴取	会社更生法 22 条 1 項
		76	事業譲渡の許可の際に裁判所の意見聴取	会社更生法 46 条 3 項 3 号
		77	更生計画案やその修正案について裁判所の意見聴取	会社更生法 188 条
		78	破産管財人による更生手続の申立について決定前に裁判所の意見聴取	会社更生法 246 条 3 項
		79	再生手続における管財人による更生手続開始の申し立ての決定前に裁判所の意見聴取	会社更生法 248 条 3 項
		80	再生手続開始決定に係る裁判所の意見聴取	民事再生法 24 条の 2
		81	再生手続開始後の営業譲渡の許可に係る裁判所の意見聴取	民事再生法 42 条 3 項
		82	再生計画案・修正案についての裁判所の意見聴取	民事再生法 168 条
		83	破産手続から再生手続への移行に係る裁判所の意見聴	取民事再生法 246 条 3 項
	職業安定	84	相当数離職者再就職援助計画の作成・変更に係る意見聴取	雇用対策法 24 条 2 項
		85	短時間労働者就業規則の作成・変更に係る意見聴取（短時間労働者過半数代表）	パート法 7 条
		86	事業内職業能力開発計画の作成に係る意見聴取（キャリア形成促進助成金）	雇保則 125 条 2 項 1 号イ
		87	高齢者再就職援助措置内容に係る意見聴取	高齢者則 6 条の 3 第 1 項
		88	高齢者再就職援助担当者の業務遂行に係る基本的な事項に関する意見聴取	高齢者則 6 条の 4 第 2 項
委員推薦・指名	労基等	89	預金保全委員会構成員の推薦	賃確則 2 条 2 項 1 号
		90	退職手当保全委員会構成員の推薦	賃確則 5 条の 2 第 2 項
		91	安全委員会（衛生委員会・安全衛生委員会）委員の推薦	労安法 17 条 4 項，18 条 4 項，19 条 4 項
		92	労働時間等設定改善委員会委員の推薦	労働時間等設定改善法 7 条
		93	労使委員会委員（企画業務型裁量労働制）の指名	労基法 38 条の 4 第 2 項 1 号
		94	苦情処理機関の構成員	男女雇用機会均等法 15 条
		95	苦情処理機関の構成員	育児介護休業法 52 条の 2
		96	苦情処理機関の構成員	パート法 19 条
通知・意見陳述等	破産・更生・再生等	97	破産開始手続決定の通知	破産法 32 条 3 項 4 号
		98	裁判所が債権者集会の際にその期日を通知	破産法 136 条 3 項
		99	更生会社の財産状況について意見陳述	会社更生法 85 条 3 項
		100	関係者集会の期日の通知	会社更生法 115 条 3 項
		101	再生計画の認可についての意見陳述	会社更生法 199 条 5 項
		102	再生計画の認可・不認可の決定の通知	会社更生法 199 条 7 項
		103	債権者集会の期日の通知	民事再生法 115 条 3 項
		104	財政状況債権者集会での意見陳述	民事再生法 126 条 3 項
		105	再生計画の認可・不認可決定についての意見陳述	民事再生法 174 条 3 項
		106	再生計画の認可・不認可決定の通知	民事再生法 174 条 5 項
		107	簡易再生の申立の際に再生債務者等の通知	民事再生法 211 条 2 項
		108	簡易再生の決定の効力等に係る債権者集会の期日の通知	民事再生法 212 条 3 項
		109	事業再構築の際に労働者の理解と協力とともに雇用安定を図る（その雇用する労働者）	産業活力の再生及び産業活動革新に関する特別措置法 72 条の 2
		110	事業再生計画についての労働者との協議の状況等に配慮（労働者）	株式会社企業再生支援機構法 25 条 5 項

出所：呉学殊「労使関係論からみた従業員代表制のあり方」『日本労働研究雑誌』№613／January.2013

「過半数代表制」の適切な運用に向けた制度整備等に関する連合の考え方（案）

連合　第10回 中央執行委員会/2014.7.17

Ⅰ. はじめに

　経済のグローバル化に伴う産業構造の変化や非正規労働者の増加等を背景に、我が国の労働組合員数・推定組織率は低下を続けており、その結果、労働組合に組織されていない労働者が増加している（労働組合員数987万5千人、推定組織率17.7％[1]）。

　こうした中、連合は、2001年10月の定期大会にて「労働者代表法案要綱骨子（案）」を確認するなど、労働者代表制の法制化等による集団的労使関係の再構築を目指すとともに、非正規労働者の組織化や「1000万連合」実現に向けた取り組みについても並行して積極的に行っているところである。

　その際、連合は、「過半数代表」のうち特に「過半数代表者」について、その選出方法が民主的とは言えないといった課題提起を行ってきたが、2013年7月には厚生労働省からの委託を受けて労働政策研究・研修機構が設置した研究会から、まずは「過半数代表者」の複数化・常設化といった機能強化を図ることに着手すべきとの提言が出される等、近時、集団的労使関係における「過半数代表制[2]」のあり方に注目が集まりつつある。

　そこで、今後何らかの法制的な措置が講じられることとなる場合に

【1】厚生労働省「平成25年労働組合基礎調査の結果」（2013年6月30日現在）

【2】職業場に、労働者の過半数で組織する労働組合がある場合にはその労働組合（過半数労働組合）、過半数労働組合が存在しない場合には労働者の過半数を代表する者（過半数代表者）に、事業場の全労働者を代表して一定の機能を担わせる制度

参考にされると思われる労働政策研究・研修機構の上記提言（「過半数代表制」の複数化・常設化等）も念頭に置きつつ、「過半数代表制」の適切な運用に向けた制度設備等に関する連合の考え方を、以下のとおりに取りまとめる。

Ⅱ．現状と課題

　法令上「過半数代表」が労使コミュニケーションに関する制度は、1947年の労働基準法制定時に導入されて以降、個別的労働関係法の分野のみならずその他の法分野へと次第に拡大し、現在その数は70近くまで増加している。[3]　そこでは、一労働者に過ぎない「過半数代表者」に対して、労働組合のように使用者との間で労働協約を締結することにより集団的に労働条件を設定する機能（労働条件設定機能）を担うことまでは許さないものの、法令によって設定された強行的規制を解除する機能（法定基準の解除機能）については担いうるよう、制度設計がなされている。「過半数代表者」を含む「過半数代表」は、現行の法制上、一定の役割を適切に果たすべき存在として位置づけられている。

　このように「過半数代表制」が質量ともに拡大してきている現在、「過半数代表」に法令上求められている役割を適切に発揮させるとともに各職場（事業場）における民主主義の基盤強化をも図っていく必要が高まっているが、そのためには、「過半数代表者」及び「過半数労働組合」のそれぞれにつき解決すべき課題が存在している。

　すなわち、「過半数代表者」については、各根拠法令に必ずしも選出手続に係る規定がおかれていないだけでなく、その選出実態も、「選挙での選出」が8.3％留まる一方で、「会社側が指名」が28.2％、「社

【3】出所：労働政策研究・研修機構「様々な雇用形態にある者を含む労働者全体の意見集約のための集団的労使関係法制に関する研究会　報告書」（2013年7月）。一方、より多くの数字を挙げる研究者も存在する（呉学殊労働政策研究・研修機構主任研究員は2012年11月時点で110とする）

員会・親睦会等の代表者が自動的に過半数代表になった」が11.2％に
のぼる[4] など、民主的とは言えない不適切な選出方法が採られている
事例が多く見られる。それゆえ、「過半数代表者」の選出方法の適正
化に向けた取り組みについて検討を深める必要がある。

　また、「過半数労働組合」については、事業場の全労働者を代表す
る「過半数代表」として行動する場合に、当該事業場の労働者ではあ
るものの自らの組合員ではない者の意見をいかに聴取・把握して「過
半数代表」として自らの行動に反映させていくか、といった点につい
て検討する必要がある。

III．基本的な考え方

　集団的労使関係で最も重要な機能は、使用者との間で労働条件等に
ついて団体交渉を行って「職場の憲法」とも言える労働協約を締結す
る労働条件設定機能であるが、我が国では、そうした権限・機能は、
憲法28条や労働組合法の規定によって労働組合に対して固有に保障
されている。また、労働組合には争議権が認められ、正当な争議行為
に対しては刑事上・民事上の免責も認められている。

　このように、労働組合には集団的労使関係システムの頂点としての
位置づけが与えられていることに鑑みれば、「過半数代表制」のあり
方等に関する基本的な考え方は、以下のようにすべきである。

1．集団的労使関係の中心は労働組合であるべき

　集団的労使関係の中核的・中心的役割の担い手は、団結権・争議権
等を背景として職場における労働条件設定機能が与えられている労働
組合であるべきである。したがって、「過半数代表制」との関係では、
「過半数代表者」のような（労働組合外の）労使コミュニケーションの

【4】出所：労働政策研究・研修機構「労働条件決定システムの現状と方向性」（2007年3
月）

担い手を強化して労働組合に代替させようとするのではなく、組織拡大を通じて労働組合を強化していく方向こそ、集団的労使関係の再構築にあたっての基本的な考え方とされるべきである。

上記の考え方に基づき、現在様々な分野に広がっている「過半数代表制」については、各根拠法令が規定する「過半数代表」の役割・機能を検証しながら、その数を順次縮減させていくべきである。

その一方、労働組合としては下記Ⅲ．2を前提とする「過半数代表制」の運営に適宜参画することとし、それを通じて労働組合の役割・意義を職場の非組合員に強く訴求する等、自らの組織拡大へとつなげていくよう注力すべきである。

2．「過半数代表制」の適切な運用を担保とするための制度整備

「過半数代表制」が労使コミュニケーションの仕組みとして適切に運用されるよう、「過半数代表者」・「過半数労働組合」のそれぞれに関し、現在抱えている課題の解決に向けた制度整備が早急に行われるべきである。

Ⅳ．具体的な取り組み内容

1．「過半数代表制」の適切な役割発揮を図るための取り組み

（1）選出手続の整備

現在、「過半数代表者」の選出については、労働基準法施行規則第6条の2第1項に見られるように、「監督又は管理の地位にある者でないこと」、「法に規定する協定等をする者を選出することを明らかにして実施される投票、挙手等の方法による手続により選出された者であること」といった規定例はあるものの、具体的かつ詳細な選出手続は何ら規定されていない。また、こうした概括的な規定でさえも十分に遵守されていない実態にある。そこで、「過半数代表者」が民主的な正統性を持ちつつ法定基準の解除機能といった法令上求められている役割を適切に発揮できるようにするために、その選出手続を厳格化・適正化するとともに、当該手続を「過半数代表制」を規定している各

根拠法に法律事項として定めるべきである。

　なお、具体的には、選出手続を以下のように厳格化・適正化すべきである。

①選出の時期

　　「過半数代表者」が事業場の全労働者の代表として正統性を持って行動しうるには、「過半数代表」の関与が求められている事項が生じる都度、その内容に応じてふさわしい「過半数代表者」が民主的に選出されるべきである。

②選出手続の運営主体

　　「過半数代表者」を選出する必要性（ニーズ）は、強行的な法定基準を解除することなど、「過半数代表者」との間で労使協定を締結すること等を望む使用者側にあるころに鑑みれば、選出手続に要する費用の負担をはじめ「過半数代表者」の選出手続を履行する義務・責任は、使用者がすべて負うべきである。ただし、費用については、選出手続を適正に履行するために必要となる費用（会場費や投票用紙代等）の負担に限られるべきであり、そうした範囲を超える費用（立候補者との飲食費等）までもが負担されることによって使用者の不当な支配介入を招かぬようにしなければならない。なお、選出手続に係る使用者の義務履行については、監督行政によって担保する仕組みを併せて講じるべきである。

③「過半数代表者」に立候補する機会の付与

　　使用者は、「過半数代表者」を選出する必要が生じる都度、当該使用者に直接に雇用されているすべての労働者（ただし、管理監督者は除く）に対し、「過半数代表者」に立候補する機会を付与すべきである。そのため、使用者は、「過半数代表者」の選出が必要となった理由（例えば、「時間外労働に係る労働基準法第36条に基づく協定を締結するため」等）を明示した上で、その立候補を受け付ける旨・選出人数（1人）・立候補受付期間・選挙日を、事業場の労働者に対して公示するものとする。

④使用者側の協定案等の事前開示

　「過半数代表者」の選出が労使協定の締結や意見聴取のための
ものである等、使用者側が起案した何らかの協定案や見解等を前
提として行われるものである場合には、使用者は、立候補受付の
公示とともに、当該協定案や見解等についても同時に全労働者に
対して開示するようにすべきである。こうした手続を経ること
により、各労働者は自らの意見・考えをあらかじめ整理した上で
「過半数代表者」に立候補するか否かを主体的に意思決定できる
こととなる。

⑤立候補者に対する所信表明を行う機会の付与

　使用者は、「過半数代表者」に立候補した者に対し、事業場の
労働者に向けて自らの所信を表明する機会を与えるべきである。
これにより、当該事業場の労働者にとっても、自らを代表する
「過半数代表者」を適切に選出するための参考情報が得られるこ
ととなる。

⑥無記名投票による選挙

　使用者の意向・圧力を気に掛けることなく、事業場の労働者が
自らの意思に基づいて民主的に「過半数代表者」を選出できるよ
うにするため、「過半数代表者」の選挙は、事業場の規模の大小
に関わらず、無記名投票の方法によって行われるべきである。こ
うして行われた無記名投票の結果として、当該事業場の労働者の
過半数の票を得た者が当選することとすべきである。

　また、選出人数（1人）と同数の立候補しかなかった場合につい
ては、無投票当選とすることなく、無記名による信任投票を行う
べきである。これは、使用者の圧力等によって使用者の意向に
沿った者だけが立候補する事態も十分に想定しうることから、無
記名による信任投票を行うことによって当該事業場の労働者に当
選に係る拒否権を与えんがための仕組みである。なお、信任投票
が行われる場合、「過半数代表者」の定義に鑑みれば、当該事業
場の労働者の過半数の信任を得ることが当選要件とされるべきで

147

ある。

　さらには、投票管理をはじめとする一連の実務は使用者によっ
て担われるが、選挙の公正性を担保するための措置も併せて講じ
られるべきである。

⑦選出手続に瑕疵があった場合の効果

　「過半数代表者」の選出手続に瑕疵があった場合、すなわち、
法定された選出手続に則って民主的に選出されたとの評価を与え
ることができない場合には、当該「過半数代表者」に正統性が認
められない以上、当該者に対して行われた使用者の意見聴取や当
該者と使用者との間で締結された協定の効力等は無効とされるべ
きであり、また、その旨が各根拠法に法律事項として定められる
べきである。

（２）「過半数代表者」への不利益取扱いに対する救済制度の整備

　現在、「過半数代表者」への不利益取扱いについて、「使用者は、労
働者が過半数代表者であること若しくは過半数代表者になろうとした
こと又は過半数代表者として正当な行為をしたことを理由として不利
益な取扱いをしないようにしなければならない」（労働基準法施行規
則第6条の2第3項）といった規定が設けられている例はあるが、現に
不利益取扱いが行われた場合の具体的救済制度は特に設けられていな
い。

　そこで、「過半数代表者」が使用者からの不利益取扱いを恐れるこ
となく事業場の全従業員の代表として十全に活動できるよう、解雇を
はじめとする不利益取扱いが使用者によって行われた場合の救済制度
として、労働組合法に規定されている不当労働行為救済制度を準用す
ることにより、「過半数代表者」の身分保障に万全を期すべきである。
その際、「過半数代表者」に対する不利益取扱いの禁止や「労働委員会
に対する救済申し立て制度」は、省令事項ではなく法律事項として、
選出手続等とともに各根拠法に定められるべきである。

148　資料編

２．「過半数代表者」の複数化・常設化に関する考え方

　上記のように、「過半数代表者」の選出が必要となる事案が発生する都度、当該事案に関して事業場の全労働者を代表するにふさわしい者が厳格な手続きに則って選出されるとしたならば、「過半数代表者」をあらかじめ常設しておくべき特段の理由はないと考えられる。また、「過半数代表者」への立候補の機会と立候補者による所信表明の機会、及び無記名投票による自由投票がそれぞれ保障された場合には、投票行動を通じて当該事業場の労働者の意思が明確に示されることとなるため、その信任を裏付けとして「過半数代表者」は単独であっても使用者に対し自らの考えを強く主張することが可能となることから、「過半数代表者」を複数化する必要性もないものと考えられる。

　したがって、「過半数代表者」が法令上与えられた役割を適切に発揮できるようにするためには、複数化・常設化といった方策によるのではなく、厳格かつ適切な選出手続を整備することによって「過半数代表者」が事業場の労働者の意思に基づき正統性を持って自らの権限を行使できる環境を整備することを最優先にすべきである。

３．「過半数代表者」の選出手続等を活用した組織拡大への取り組み

　上記**Ⅲ.** のとおり、集団的労使関係を再構築するにあたって、連合は、組織拡大を通じて労働組合を強化する方向を第一義に追求すべきであるから、上記のような形で「過半数代表者」の選出手続が厳格化・適正化された暁には、「過半数労働組合」でない労働組合は当該手続きを積極的に活用することによって自らの組織拡大へとつなげていくよう努めるべきである。

　すなわち、労働組合として集団的労使関係に積極的に関与していくことは当然である上、「過半数代表者」の選出手続の一環として立候補の機会や自らの所信を表明する機会が付与されていることになれば、それを未組織労働者に対して労働組合の役割・意義を訴えかける機会としても活用することが可能になる。こうした観点から、「過半数労働組合」でない労働組合は、「過半数代表者」の選挙が行われる場

合には積極的に立候補者を立てることとし、その選出プロセスを通じて自らの組織拡大に向けた取り組みを強力に推進することとする。

また、「過半数代表者」への不利益取扱いに対する「労働委員会への救済申し立て制度」が設けられた場合には、当事者ではない（外部の）労働組合においても、当該救済申し立てが行われた事実等を把握することが可能になることから、労働組合としてはそうした情報等を把握するように努め、そうした情報入手を契機として当該「過半数代表者」に対する支援・援助等を行うことを通じて自らの組織化・組織拡大に努めることとする。

4.「過半数労働組合」が「過半数代表」として行動する場合の取り組み

「過半数労働組合」が「過半数代表」として行動する場合、非正規労働者等を含む当該事業場の全労働者を代表して行動することとなることから、「過半数労働組合」は自らの組合員の意見聴取等に努めるだけではなく、非組合員である労働者の意見についても適切に聴取・把握して、「過半数代表」としての行動に反映させていくことが強く求められる。

そのため、使用者から非組合員である労働者の利益にも影響を及ぼすような労使協定の締結等を求められた場合には、「過半数労働組合」は、①当該労使協定案の内容等を非組合員である労働者に対して説明・開示する機会を設ける、②非組合員である労働者からの意見等を聴取・受け付ける機会を設ける、といった取り組みを自主的かつ積極的に展開していくべきである。

すなわち、「過半数労働組合」は、こうした取り組みが職場における民主主義の強化につながるとともに非組合員に対して自らの組織への加入・参加を促すための貴重な機会であるとの認識にたち、組織拡大の取り組みの一環として積極的に展開していくべきである。

Ⅴ．今後の課題

　非正規労働者の増加等を背景として労働組合の組織率が低下を続けている現在、職場において使用者との間で集団的に労働条件を設定・改善していくための仕組み（集団的労使関係システム）を今後中長期的にどのようなものとしていくかという問題は、きわめて重要な課題となっている。こうした中、我が国の集団的労使関係を本格的に再構築するためには、「過半数代表者」等のあり方を見直すだけでなく、連合の運動方針にも掲げているとおり、労働者代表制の法制化に向けた取り組みをはじめとする多様な論点について検討を進めていくことが必要である。

　そのほか、上述のとおり、多くの職場では「過半数代表者」の役割やあるべき選出手続等が十分に認識されているとは言い難い現状にあることから、ここで指摘した具体的な取り組み内容が各職場で適切に履行されるよう、「過半数代表者」の選出手続等に関する周知活動や自治体・経営者団体への要請行動等に連合全体で積極的に取り組むことが必要である。また、こうした取り組みを通じて、集団的労使関係において労働組合が有している重要性について周囲の理解を獲得し、組織化・組織拡大へとつなげていかなければならない。

　このように、連合は、日本全体で集団的労使関係を再構築するという目標に向かって労働者代表制の法制化等に関する検討を引き続き深めていくとともに、「1000万連合」実現に向けた取り組みを通じ労働協約によってカバーされる労働者を増やしていく等、各職場に集団的労使関係を広げていく運動にも最大限注力していく。

以上

様々な雇用形態にある者を含む労働者全体の意見集約のための集団的労使関係法制に関する研究会報告書（抄）

(独)労働政策研究・研修機構（平成25年7月）

第3章　我が国における集団的発言チャネルのあり方

　本章では、我が国の集団的労使関係の現状（第1章）や、諸外国における労働組合・従業員代表制等（第2章）についての研究の成果も踏まえながら、我が国の集団的発言チャネルが抱える課題について整理を行い、さらに、今後の検討に資するよう、課題の解決のための方向性についても併せて提示する。

　なお、既述のように（「はじめに」参照）、本研究会では、「集団的発言チャネル」を「個人ではなく集団としての労働者の意見を使用者に伝達し、労働関係に反映させる仕組み」と広義に定義した上で、この集団的発言チャネルが我が国においてより機能するために何が必要かという観点から議論を行った。

　そこで、本題である具体的な課題の検討に入る前に、まず、この集団的発言チャネルという概念について説明しておく。

1 集団的発言チャネルについて
（1）集団的発言チャネルの意義・機能

　　集団的発言チャネルには、第1に、労働条件設定に関して、労働者集団の意向を反映させる機能がある。その最も代表的な形態は、使用者に対して交渉上劣位にある労働者が労働組合という団体を形成し、憲法等により保障された争議権を背景に、集団的な取引を通じて使用者と対等な交渉力を取得するという団体交渉である。しかし、労働組合の団体交渉、そしてその結果締結される

労働協約のほかにも、集団的な労働条件設定に関与する仕組みとして、欧州諸国には、従業員代表制が構築されている。また、日本では、就業規則の作成・変更の際の過半数代表の意見聴取等といった労働条件設定のプロセスへの関与も、労働条件設定に関わる集団的発言チャネルと位置付けることができる。

このような集団的労働条件の設定の仕組みは、使用者にとっても統一的労働条件設定を可能にする仕組みとして重要な機能を営む。

第2に、集団的発言チャネルには、法令によって設定された強行的規制の緩和ないし逸脱を可能とする機能（法定基準の解除機能）が与えられている。第1の集団的発言チャネルによる労働条件設定機能は、法の設定する最低基準を上回るレベルで展開することが想定されているのに対して、この法定基準の解除機能は、国家が中央集権的レベルで設定した規範である法令による規制を、産業レベル、企業レベル、事業所レベル等、より分権化したレベルの実情および多様化する労働関係の実情に合わせて、規制を下回る労働条件設定を可能とするものである。欧州諸国では、産業別レベルの労働組合が使用者（団体）と締結した労働協約がある場合にのみ法定基準の解除を可能とするのが原則であったが、近時、より分権化した労使に法定基準の解除機能を委ねることの可否が議論されている。日本の労働基準法は、この法定基準の解除機能を、事業場の過半数代表と使用者の労使協定に委ねている。韓国でも同様の状況が見られる。欧州諸国と比較した場合、最も分権化した事業場の過半数代表に法定基準の解除機能を認めている点が日韓の特色といってよい。

第3に、集団的発言チャネルは、以上のような労働条件設定機能及び労働条件設定の前提ともなる法定基準の解除機能のほかにも、設定した労働条件遵守をはじめとする使用者の行為に対するモニタリングや個々の労働者と使用者との間の苦情・紛争処理等、設定した労働条件規範等のエンフォースメント（履行確保）

153

に関わる機能も担っている。

　さらに、集団的発言チャネルは、上記の機能も含めて、より広い意味での労使コミュニケーションの機能も担うものであり、こうしたコミュニケーションにより、使用者と労働者集団との間の情報共有が図られ、労使紛争の防止に資するとともに、労働者が経営に積極的・能動的に参加することも期待される。

(2) 集団的発言チャネルの機能を補強する必要性

　上記のとおり、集団的発言チャネルは様々な意義・機能を有すると考えられるが、今日の労使関係において、これらの集団的発言チャネルが十全に機能する必要性はより高まっているものと思われる。

　第1の労働条件設定機能に関しては、第1章の4において指摘したとおり、経済のグローバル化やサービス経済化、IT化の進展等の産業構造の変化、個別人事管理の進展や労働者の多様化を背景として、労働組合の機能範囲が縮小しているのではないかといった懸念がある。したがって、その機能を補うために、例えば、既存の労働組合に対して何らかの措置を行うことでその機能を高めることはできないか、また、その他の集団的発言チャネル（過半数代表や新たな従業員代表制）に何らかの措置を行うことでその機能を代替することができないかなど、集団的発言チャネルに対する様々な措置について検討が必要と考えられる。

　特に日本では、近年、正規労働者との処遇格差が指摘される非正規労働者が増加し、雇用者に占める割合も90年代初頭の20%程度から上昇し続けて現在は35%を占めるようになっている。また、正規雇用に就きたいが不本意ながら生計維持のために非正規雇用に就いている者が増加しており、非正規労働者は量的にも質的にも変化してきている。こうしたことを背景として、最近では、非正規労働者の処遇を改善する観点から、2012年の労働者派遣法改正による派遣労働者の待遇に関する派遣先の労働者との

均衡考慮の配慮義務（労働者派遣法第30条の2）や、同年の労働契約法改正による有期労働契約に関する不合理な労働条件の禁止（労働契約法第20条）、また、パートタイム労働者のさらなる均等・均衡待遇の確保に向けた検討など、派遣労働者、有期契約労働者、パートタイム労働者のそれぞれについて、公正な処遇を求める法政策の進展がみられる。

　こうした非正規労働者の処遇改善のための法規制は、正規労働者の労働条件との比較を基本に、非正規労働者の不合理な労働条件の見直しを迫るものである。労働条件原資が有限であれば、これは単に、非正規労働者の処遇の改善・変更には留まらず、必然的に正規労働者の労働条件のあり方も含めて、労働条件全体についての見直しを要請することとなろう。これはまさに集団的労働条件の設定問題を惹起することになる。そして、その労働条件設定・調整は、正規労働者と非正規労働者双方の意見を踏まえ、その利害を適切に調整して行われる必要がある。したがって、非正規労働者の処遇格差問題の解決のためには、非正規労働者も含めた形での集団的発言チャネルの整備が重要な鍵となろう。

　また、第2の法定基準の解除機能に関しては、上記のような変化を背景として労働者や働き方が多様化する中で、労働条件を適切に規制するためには、国レベルの中央集権的な規制（法規範設定）のみでは対応が困難であり、多様な労働者が存在する各現場においてその法規範が妥当でない場合には、法定基準の解除を通じて現場レベルで調整し、その現場に合った労働条件を確保する必要性が高まっている。これは国家レベルですべて実体規制で対処する規制システムから、分権化したレベルで手続規制を採り入れた規制システムへの移行を意味するが、このような多様化に対応した規制システムが機能するためには、法定基準の解除を公正妥当に行うことのできる手続規制の担い手が不可欠である。そのための制度整備が、今後より一層重要になってくるものと考えられる。そして、こうした制度整備が進められれば、国家レベルで

の画一的実体規制が多様な就業実態に妥当しないが故に立法作業も困難であった状況から脱却し、より実効性の高い立法を可能とする途も開くことが期待される。

このほか、特に日本では、第1章の2で述べたとおり、過半数代表の機能として、法定基準の解除機能以外に、多様な政策目的のための手続的関与という機能も拡大してきており、それぞれの目的を実現するための多様な現場の状況に応じた実効策を施すという観点からも、公正妥当な手続のための制度整備が必要である。

第3のモニタリング機能や苦情・紛争処理機能に関しては、労働審判をはじめとして労働関係の訴訟が近年増加傾向にあり、また、実際の現場では法に基づかない労働組合の自発的な活動により解決が図られるケースも少なくないと考えられるが、訴訟が頻発している諸外国では、裁判所ではなく、企業内で自主的に紛争を処理するための立法が盛んになされている。外部紛争処理機関による紛争処理制度が整備されることはもとより重要であるが、紛争解決コストの観点からも、我が国においても、企業内において集団的発言チャネルを通じて労働者の意向を使用者に伝えることにより紛争や苦情を自主解決する仕組みを整備することは、重要な課題になってくると見込まれる。

さらに、コミュニケーション機能に関しては、例えば、アメリカでは、労使コミュニケーションにおける労働者の意見が、経営の改善や効率化に繋がるといった観点からその重要性が認識されており、またヨーロッパでは、労使コミュニケーションを通じて労働者が経営に関する決定過程に能動的に参加することで決定内容の民主的な正統性が確保できるといった考え方が浸透するなど、労使コミュニケーションによる様々な効果が指摘されている。また、我が国においても、前述のとおり、労使協議制により使用者と企業別労働組合の間で労使コミュニケーションを図ることにより良好な労使関係を築いてきたと考えられるが、こうした

156　資料編

労使コミュニケーションの効果を踏まえれば、労働条件に限った話としてではなく、産業構造が日々変化していく中で広く労働者の労働環境に影響のある事柄について、多様化した労働者集団との間で労使コミュニケーションを図ることの重要性は、今後、ますます高まっていくものと考えられる。

(3) 集団的発言チャネルの主体

集団的発言チャネルがその意義や機能を発揮するための主体としては、現行法上の組織でいえば、労働組合、過半数代表、労使委員会等が挙げられる。また、これらとは別に新たに従業員代表制を整備することも考えられる。なお、従業員代表制については、その組織構成について諸外国の例をみてみると、労使双方が構成員となって組織するものと、労働者だけで組織するものがある。以下、単に「従業員代表制」という場合、両方の形態を指すものとする。

2 集団的発言チャネルの課題とその解決のための方向性

(1) 課題を検討する際の視点

本研究会において集団的発言チャネルが抱える課題を検討するに当たっては、以下のような視点に立って議論を行った。

＜集団的発言チャネルに求める役割・権限＞

集団的発言チャネルのあり方を検討する場合、まずは、集団的発言チャネルのどの機能を高めるために、どのような主体にどのような役割や権限を付与することが望ましいのかといった観点から検討を始めることが適当である。

まず、集団的発言チャネルの最も重要な機能である労働条件設定機能については、日本では憲法によってその権限・機能を保障された組織として労働組合が存在している。

労働組合は、労働組合法において、使用者との間で労働条件そ

の他労働関係に関する事項について団体交渉を行い、労働協約を締結する行為の主体として位置付けられており、また、労働組合による正当な争議行為に関しては、刑事上、民事上の免責が認められている。こうした権利は、「勤労者の団結する権利及び団体交渉その他の団体行動をする権利は、これを保障する。」という憲法第28条によって保障されているものであり、今後も、労働組合が集団的労使関係において団体交渉を通じて労働条件設定における中核的役割を担うべきものである。

　また、この問題に関して、ヨーロッパでは労働組合が産業別・職種別に組織されており、企業内の集団的発言チャネルとしては存在していなかったため、企業・事業所レベルで従業員代表制を導入しても、集団的発言チャネルとして同一レベルでその存在が競合することはなかった。そこで、ヨーロッパの少なからぬ国で、産業別レベルで労働組合が、企業・事業所レベルで従業員代表制がそれぞれ併存するというデュアル・チャネルモデルが採用された。しかし、そのように存在レベルとして棲み分けが可能なヨーロッパにおいても、労働組合と従業員代表の労働条件設定権限の調整は、重要かつ慎重な対処を要する課題となる。実際、各国では、労働組合の労働条件設定機能を優先する立場をとった上で、労働組合と従業員代表の権限分配について、詳細・精緻なルールが議論されている。

　これに対して、日本においては、企業別労働組合が主流であるため、団体交渉は企業レベルで行われ、団体交渉で扱われる事項も個別企業の問題となる。このため、新たな従業員代表制を我が国で整備する場合、労働組合の権限・役割との調整問題はもとより、その存在が同じ企業・事業所レベルで競合するという問題に直面するため、ヨーロッパ以上に慎重な対処を要する課題となる。

　なお、前述のとおり、日本では正面から従業員代表制は設置されていないが、現行法では使用者に対し、就業規則の作成・変更

について、過半数代表の意見聴取義務を課している。就業規則は
事業場の労働条件の統一的設定・変更に際して大きな役割を果た
していることから、現在の制度は労働条件の設定に過半数代表が
関与することを認めているといえる。そこで、この過半数代表の
労働条件設定への関与のあり方をどう考えるべきかが重要な検討
課題となる。しかし、過半数代表に付与されたもう一つの重要な
機能として法定基準の解除機能があり、過半数代表の機能・任務
を考える上でより切実な課題を提供している。

　すなわち、法定基準の解除機能については、第2章で述べたと
おり、比較法的にみると、諸外国では、この権限は（産別組織で
あるのが一般である）労働組合に与えられるのが原則である。こ
れに対して、日本においては、事業場レベルで、過半数労働組合、
そして過半数労働組合が存在しない場合には、過半数代表者にそ
の権限が与えられているのが特徴である。そして、その過半数代
表者の実態については、第1章の2で述べたとおり、法定基準の
解除機能を担う主体として十分な役割を果たす制度的担保が用意
されているのか、また、その重要な任務を公正妥当に果たし得て
いるのかという点について懸念がある。

　こうした点を踏まえれば、法定基準の解除を担う集団的発言
チャネルの整備は当面取り組むべき喫緊の課題であり、法定基準
の解除を労働組合の関与がない過半数代表者に行わせることの当
否や、過半数代表者とは別途の従業員代表を設けるか否か、また、
その従業員代表は過半数労働組合が存在する場合にも設置するの
か否かなど、様々な論点について検討する必要がある。

　こうした課題の解決に向けた方向性については、以下の(3)に
おいて詳論することとするが、法定基準の解除機能を担う集団的
発言チャネルの整備によって、例えば、チャネルの主体である過
半数代表者や従業員代表が苦情処理や協議等の役割を担うように
なる、あるいは、労働組合化する等、その運用状況の進展に伴い、
そこで提起される問題も明確になることから、労働条件設定への

159

関与の問題も含めて、将来の対処の方向性も明らかになっていくことが考えられる。

そこで、今回の研究では、新たな従業員代表制の構想も視野に入れながら、集団的発言チャネルの機能を高める第1のステップとして、法定基準の解除機能（それ以外の多様な政策目的のための手続的関与に関する機能も含む）を中心に、その担い手の実質化を図る観点から課題とその解決のための方向性についての検討結果を示すこととする。なお、現状では、法定基準の解除機能が、過半数代表が有する機能のうち中心的で、かつ、差し迫って再検討を要するものであるため、以下では法定基準の解除機能を中心に考察を進めることとするが、この機能の主体に関する問題は、就業規則の作成・変更の際における意見聴取の主体に関するそれと共通することから、議論の際にはこの点も常に留意することとする。また、後述するように、法定基準の解除機能を担う主体の検討は、本格的従業員代表制を構想する際にも検討すべき問題とも多くの点で共通するものであることも指摘しておく。

＜集団的発言チャネルの正統性・公正代表義務・制度的保障＞

集団的発言チャネルのあり方を検討するに際しては、次の諸点に留意する必要がある。

まず、集団的発言チャネルの主体については、その正統性が認められるためには、その選出手続の民主性、代表される非正規労働者や少数者等との関係での意見反映のルートの確保等が問題となる。

また、集団的発言チャネルが従業員を代表して活動するに関しては、多様な労働者の意見を反映する観点から、全従業員を公正に代表すべき義務を課す等の施策が考えられ、これをどのようにして担保するかが課題となる。

さらに、当該集団的発言チャネルが、その機能を十分に果たすために、使用者との交渉力をいかに担保すべきか、集団的発言

チャネルの運用にかかる費用負担をどうするか等、制度的に保障すべきことはないかといった点についても検討が必要となる。

＜集団的発言チャネルの課題解決に向けたシナリオ＞

　集団的発言チャネルに関する課題を解決するための方法としては、1の(3)で挙げた主体に対して様々な措置を講ずることが考えられる。しかし、上述のように憲法における労働三権の保障やそれを具体化した労働組合法の存在、そして、諸外国における労働組合と従業員代表制の関係の分析を踏まえると、今後も労働組合が労働条件設定の中核的役割を担うべきものであるという基本スタンスが確認できる。その上で、現下の喫緊の課題である法定基準の解除の主体とその機能の問題に取り組むべきであることを踏まえ、また、その検討が法定基準の解除以外の場面における集団的発言チャネル整備の問題にも直結するという見通しに立つと、

　　①現行の過半数代表制の枠組みを維持しつつ、過半数労働組合
　　　や過半数代表者の機能の強化を図る方策
　　②新たな従業員代表制を整備し、法定基準の解除機能等を担わ
　　　せる方策

という2つのシナリオを描くことができる。この2つのシナリオを念頭に、以下考察を加える[19]。

【19】過半数代表の機能強化を図るのではなく、集団的発言チャネルの一つの主体であり、法定基準の解除を行う一部の労使協定に代替する決議を行うことができる労使委員会を、現状以上に集団的労使関係の場で活用する方策も考えられる。しかし、労使委員会の委員の半数は過半数代表により指名される制度である以上、現行過半数代表制についてと共通の課題（①のシナリオ）が問題となる。また、労使委員会は「賃金、労働時間その他の当該事業場における労働条件に関する事項を調査審議し、事業主に対し当該事項について意見を述べること」を目的とした制度であることから（労働基準法第38条の4）、その機能を充実させていけば、新たな従業員代表制の一つ（②のシナリオ）とも位置付け得る。そこで、労使委員会について別個に論ずることはせず、より一般的に①や②のシナリオの枠組みの中で検討することとする。

(2) 我が国の集団的発言チャネルが抱える課題

＜法定基準の解除機能に関する課題＞

　集団的発言チャネルが有する法定基準の解除機能については、既述のように、諸外国ではその権限は原則として労働組合に付与されている。これに対して、日本では、事業場レベルの過半数労働組合、そして過半数労働組合がない場合には過半数代表者に法定基準を解除することを可能とする協定の締結権限が与えられていることに顕著な特徴がある。

　まず、過半数労働組合が法定基準の解除に関する権限を有することについては、労働組合が過半数代表として行動し、法定基準の解除について使用者と協議を行う場合、組合員以外の労働者も含め多様な労働者の意見を踏まえることが求められるが、現在は、非組合員の意見が過半数代表の行動に適切に反映される手続や制度が用意されていない。そのために、過半数労働組合が公正妥当に事業場の全労働者を代表し得ているのかについて懸念が生じ得る。

　次に、より大きな問題は、過半数労働組合が存しない場合に法定基準の解除の権限を与えられる過半数代表者の場合である。過半数代表者は、労働組合とは異なり、労働者集団の意見を集約したり、使用者との交渉・協議をサポートする組織的裏付けを有しない、一個人たる労働者でしかないのが通常である。したがって、こうした過半数代表者と使用者が協議し、協定を締結することで法定基準の解除を認める現状が、公正妥当かという問題が提起されている。

＜法定基準の解除についてのモニタリング機能に関する課題＞

　また、過半数労働組合であるか、過半数代表者であるかに関わらず、過半数代表は、法定基準の解除に関する協定を締結する時点で存在すれば法令上問題ないこととされている。つまり、過半数代表は労使協定締結後、協定で取り決めた法定基準の解除の内

容について、必ずしもその適切な履行を監視する機能（モニタリング機能）を担うようには制度設計されていない。このことは法定基準を解除する仕組みの公正な運用にとって課題を含むものといわざるを得ない。

　過半数労働組合が存在する場合、当該労働組合が労使協定締結後に少数化したとしても、労働組合として存続していれば、自らが締結した労使協定の運用について、一定のモニタリング機能を期待することもできよう。しかしながら、過半数代表者の場合、過半数代表としての資格が協定締結時点で要求されるだけで、選出後、事業場の労働者の意見集約の手段も、締結後の労使協定の公正な履行確保を監視する地位や組織的裏付けも用意されておらず、こうした課題が特に顕著な形として現れてくる。

(3) 課題解決に向けた方向性

　上記の課題を解決するための方策について、(1)で示した2つのシナリオ、すなわち、①現行の過半数代表制の枠組みを維持しつつ、過半数労働組合や過半数代表者の機能の強化を図る方策、②新たな従業員代表制を整備し、法定基準の解除機能等を担わせる方策、を順に検討することとする。

①現行の過半数代表制の枠組みを維持しつつ、過半数労働組合や過半数代表者の機能強化を図る方策

　この方策については、過半数労働組合と過半数代表者のいずれが過半数代表になるのかによって検討すべき事項が異なってくるが、とりわけ過半数代表者について制度面での問題が多く指摘されていることを踏まえ、

　A：過半数代表者の過半数代表としての機能の強化を図る方策（事業場に過半数代表組合が存在しない場合）
　B：過半数労働組合の過半数代表としての機能の強化を図る方策（事業場に過半数代表組合が存在する場合）

163

の順で、さらに2つに分けて検討する。

Ａ：過半数代表者の過半数代表としての機能の強化を図る方策（事業場に過半数代表組合が存在しない場合）

労働組合が存在しない事業場や、過半数労働組合ではない労働組合のみが存在する事業場において、現行の過半数代表者の機能の強化を図る方策が考えられる。

1947年の労働基準法制定当初から、過半数代表者は過半数労働組合とともに法定基準の解除を行う主体であったが、当時は、主として労働組合が念頭に置かれ、過半数代表者はあくまで補完的な存在として想定されていたようである[20]。しかし、立法担当者が想定していたようには労働組合の組織化は進まず、過半数労働組合が存しない事業場では、過半数代表者がこの法定基準の解除を担うこととなった。そして、法定基準の解除は、諸外国においても、様々な手段によりこれを認めている。労働組合の組織率が年々低下してきている今日、過半数代表者に問題があるからといって過半数労働組合のみに法定基準の解除を認めるという方向性は現実的とはいえず、むしろ過半数代表者の適正化に向けた手当てを施すことが重要である。

具体的には、過半数代表者の交渉力や正統性をいかに担保するか、その機能を適切に発揮させるための制度をどう整備するか、制度の整備によって生じる懸念をどう解決するか等の検討が必要である。以下、その方策について示すこととする。

＜過半数代表者の交渉力を高めるための代表者の複数化＞

諸外国の従業員代表制において、一定規模以上の事業場の場合に複数の代表者を選出していることを踏まえれば、我が国におい

【20】濱口桂一郎『労働法政策』483頁（ミネルヴァ書房、2004）。

ても、そのような事業場において過半数代表者の選出人数を複数とすることが考えられる。これにより、一労働者でしかなかった過半数代表者が、使用者との交渉において、他の過半数代表者との相談・協議を経て意思決定して行動することが可能な体制となり、交渉力が高まるとともに、より妥当な判断を行うことを容易にすることが期待される。

なお、過半数代表者を複数化する場合、その代表者間での意思決定のあり方が課題となってくる。このため、複数化する場合には、偶数の二人ではなく奇数の三人とするなどの方法が考えられるが、三人とする場合には、現状でも困難な過半数代表者の担い手の確保がより一層難しくなると考えられる。

実際上、三人や五人等の奇数の代表選出は、相当規模の事業場でしか実現困難であることを考えると[21]、当面、少なくとも代表の複数化を優先すべきであり、そのときの意思決定方法は、正副の代表のうち、正代表が二票目を投ずることができる等の工夫で対処することも考えられよう。

＜過半数代表者の正統性を確保するための方策＞

過半数代表者は、労働組合のような基本的に任意加入である団体とは異なり、労働者の意思にかかわらずその事業場の全ての労働者を代表するものであるから、多様化した労働者集団を代表する制度としての正統性が要請される。この正統性を確保するための方策として、以下3つの視点から検討する。

〔a：公正な選出手続〕

まず検討すべきは、過半数代表者の公正な選出手続のあり方

【21】ドイツの事業所委員会は、5人以上の労働者が雇用されている事業場に設置され、委員数は事業場の従業員規模に応じて増加するよう設定されている。例えば、5人以上20人までの場合は1人、21人以上50人までの場合は3人、51人以上100人までの場合は5人というように、従業員規模に応じて奇数の委員数が設定されている。

165

である。これまでの調査によれば、現状においても民主的とは言えない不適切な方法が採られている例もあり、労働者を公正に代表するような選出手続が求められる。

諸外国の例では、選出の公正性を確保するために、選出手続の運営主体について法定したり、公的機関が選出手続を監督したりするなど様々な工夫が施されており、これらを素材として今後の検討を進めていくべきである。

なお、日本では、三六協定のように、使用者が協定の必要から協定の相手方たる過半数代表者選出を要請することが多いと考えられるが、民主性を損なわないことを前提として、使用者が選出のイニシアティブをとること自体は許容されるべきであろう。

〔b：多様性を反映した選出〕

次に必要なのは、多様な労働者の利益を代表するための選出方法についての検討である。諸外国の従業員代表制では比例代表選挙による選出なども見受けられるが、これについては手続の煩雑さや選挙管理コストといった課題がある[22]。また、事業場内の様々な利害の共通する集団からそれぞれ代表を選出するとなると相当数の人数を選出しなければならず、現行の選出方法と比べ大きな改変を余儀なくされる。

したがって、まずは代表の選出課程において投票前に候補者の意見を聴く機会を設けたうえで選挙を行うこととするなど、選出手続への労働者の関与の機会を増やすことにより多様性を反映した選出を図る方策が現実的であろう。

〔c：多様性を反映した活動のための意見集約〕

【22】企画業務型裁量労働制に係る労使委員会の委員の選出方法については、2003年の労働基準法改正前は、過半数代表による指名とともに事業場の労働者の過半数による信任を得ていることが要件として定められていたが、この要件については、「制度の趣旨を損なわない範囲において簡素化する」との方針により、当該改正において、事業場の労働者の過半数による信任という要件が廃止されている。

選出する代表数を限ることになったとしても、その代表が多様な労働者の意見を吸収して意思決定を行う仕組みがより重要である。このため、過半数代表者が、選出された後も多様性を反映した活動ができるよう、事業場内の意見集約を行う仕組みが求められる。ドイツでは、事業所総会を定期的に開催することによって、多様な従業員の声を集約する方途としている。現在アドホックに選出される過半数代表者が複数化され、次に述べるように常設化された場合には、このように代表の選出後に民主的な意見集約の機会やルートを用意することで、多様な意見を集約したうえで法定基準の解除を行うこととなり、代表としての正統性が確保されることとなろう。

　さらに、労使協定締結に際しては、締結しようとしている協定内容を従業員に開示し、従業員からの意見を踏まえて、協定内容を修正したり、協定締結の可否を決する等の対応が望まれよう。

＜モニタリング機能を発揮させるための代表者の常設化＞

　課題として指摘したように、現行制度は、法定基準の解除のための労使協定締結時点における過半数代表の存在にしか関心を払っていない。しかし、法定基準を解除するという重要性に鑑みると、労使協定を締結した後に、確実にその内容が遵守されることを確保する必要がある。例えば、三六協定で法定労働時間8時間の規制を解除するのみならず、1日の延長限度を2時間とした場合、この限度が過半数代表制としても監視され、実行されるべきである。

　そのためには、過半数代表者の常設化が必要である。そして、常設化された過半数代表者の下には、労働者から意見や苦情が集まることにもなり、モニタリング機能はより高まることとなろう。さらに発展的には、この常設化した過半数代表者に苦情処理の機能を担わせることも選択肢としては考えられる。

常設化の方法については、過半数代表者の任期を定める方法が考えられる。このとき、いったん選出された過半数代表者は、その任期中は従業員を代表しているとみなされることになるが、現行制度では、「労働者の過半数を代表する」という要件を労使協定締結の都度求めている。このため、過半数代表者の常設化に伴い、現行の仕組みとの整理が必要となろう。さらに、過半数代表者による会議の定例化（例：月1回、年4回等）などの方法も考えられるが、職場の実情に応じて柔軟に対応すればよいと考えられる。

　また、過半数代表者を常設化する場合、代表者となる労働者の負担や責任も重くなっていくと考えられるため、こうした点にも勘案しながら検討することが必要である。この点については、選出された代表者の負担が懸念されることを理由に常設化を断念するという方向ではなく、むしろ、常設化を行いつつ、代表者の負担を軽減するために必要な措置を講ずることを検討するべきであろう。そのためにも次の諸点の検討が必要となる。

＜過半数代表者の過半数代表としての機能強化にかかる費用負担等＞

　過半数代表者を複数化・常設化する場合、過半数代表者に求められる役割が大きくなるため、その運営にかかる費用負担をどのようにすべきかといった課題がある。過半数代表者は全従業員を対象とする法定基準の解除の担い手であることから、使用者がその費用を負担すべきであろう。また、タイムオフ（勤務時間内の有給の活動時間）、施設等の貸与といった活動保障や身分保障（解雇や不利益な取扱いからの保護）を図ることも重要である。

　他方、法定基準の解除機能以外に、就業規則の作成・変更の際の意見聴取を超えて、労働条件設定の私法上の効力に関わるような権限を過半数代表者に付与しようとする場合には、使用者によるコスト負担が労働条件設定に係る交渉を歪曲し、公正な労働条件設定を行うことができなくなるおそれが生ずる。公正な労働条

168　資料編

件設定を害するような金銭的支援を認めることには慎重な議論が必要であるが、過半数代表者としての活動が様々な面で不利に働かないようにするための活動保障や身分保障の確保にとどまる限りは、こうした懸念は当たらないと考えられる。

以上のような保障等は、常設化による代表者の負担を軽減する措置として、極めて重要な施策となる。

＜過半数代表者を複数化・常設化することによる組合組織化インセンティブへの影響＞

過半数代表者について、複数化・常設化することで法定基準の解除機能を十分に果たすとともに、モニタリング機能や苦情処理機能までも備えるものに発展していった場合には、労働組合が存在しない事業場や少数組合しか存在しない事業場においては、過半数代表者が使用者側の費用負担によって労働者の求める活動を行うことで、労働者が労働組合に加入して紛争の解決を図ろうと考えなくなるおそれがあるなど、労働組合を組織化したり組合に加入し続けるインセンティブを削ぐのではないかといった懸念も想定される。

この問題については、過半数代表者を複数化・常設化したとしても、過半数代表のなし得ない労働組合固有の権限（協約締結権、争議権、不当労働行為救済申立権など）が維持されていれば、こうした権限の取得を目的とした労働組合結成のインセンティブは必ずしも失われないといえよう。

むしろ、労働組合が組織化されていない企業・事業場において、複数化・常設化された過半数代表者が存在すれば、外部の労働組合が過半数代表者の活動を支援することなどを通じて、組合の組織化に繋がる重要な足掛かりとなることが考えられる。実際、諸外国の歴史を見ても、従業員代表制導入に際して、労働組合は当初は反対の立場をとることが少なくないが、やがて、従業員代表を組合組織化の足掛かりとして利用しようという方針に転換して

いった。

　そうすると、無組合企業の多い我が国において、過半数代表者を複数化・常設化することは、事業場の労働者や外部の労働組合の受け止め方によっては、労働組合の組織化に対してプラスになることも考えられるし、少なくとも、労働組合に対して悪影響があるとは一概にはいえないと考えられる。

B：過半数労働組合の過半数代表としての機能の強化を図る方策（事業場に過半数労働組合が存在する場合）

　過半数労働組合が存在する事業場では、その労働組合の過半数代表としての機能の強化を図る方策が考えられる。

＜非正規労働者等の非組合員への配慮＞

　過半数労働組合が存在する事業場においては、(2)で指摘したとおり、非正規労働者等の非組合員の意見が過半数代表の行動に適切に反映されないのではないかといった懸念がある。

　この問題に対処するには、本来、法定基準の解除を含めて集団的労働条件規制を中核的に担うべき過半数労働組合に、全従業員を代表する過半数代表としての任務を全うさせるべく、過半数労働組合の従業員全体の代表としての位置付けをより明確にし、非組合員も含めた多様な労働者の意見を公正に反映させる仕組みについて検討することが現実的であると考えられる。

　その仕組みとして、例えば、過半数労働組合に対して、使用者との交渉に当たり、非組合員の意見を徴する手続を踏むことを要求することや、そのような手続的な義務を課すことがかえって形式的な義務の履行をもたらし形骸化するだけであるとすれば、非組合員を含む全従業員の利益のために公正に行動することを過半数代表の責務として法文で謳うこと等も考えられよう。

＜過半数労働組合の過半数代表としての機能強化にかかる費用負担等＞

過半数労働組合が過半数代表としての機能の強化を図る観点から、上記のとおり過半数代表としての責務を課した場合、過半数労働組合がその責務を果たすために行う取組について、その費用負担をどのようにすべきかといった問題が生じる。

　この場合の過半数労働組合は、組合員の利益のためではなく、事業場の全従業員の利益の増進のために行動するのであるから、使用者にその費用負担を求めることが考えられる。

　また、前述のようなタイムオフや施設利用等の活動保障、身分保障を図ることも重要な課題となる。しかしながら、他方で労働組合は使用者から経費援助を受けることを法律上禁止されていることから（労働組合法第7条第3号）、過半数代表たる過半数労働組合への費用負担をどこまで認めるべきかという問題が生じる。労働組合としての本来の活動と過半数代表としての活動を切り分けることは現実には難しいため、過半数代表に認めるものは労働組合にも認めるなど、労働組合に対して認められている便宜供与との調整が重要な課題となってこよう。そして、その場合には、労働組合法の不当労働行為に関する規定を現行のまま維持できるのか検討が必要となろう。

②**新たな従業員代表制を整備し、法定基準の解除機能等を担わせる方策**

　事業場に過半数労働組合が存在するか否かにかかわらず、現行の過半数代表制とは別に法定基準の解除機能等を担う新たな従業員代表制を整備することについて検討する。

＜従業員代表制と過半数代表者の併存余地＞

　まず、新たな従業員代表制に法定基準の解除機能等を付与する場合、過半数労働組合が存しない事業場において法定基準の解除の役割を担っている過半数代表者を存置し得るのかが問題となる。このとき、現行の過半数代表者と新たな従業員代表制の役割が重複することとなり、両者を併存させることは考えられないで

171

あろう。したがって、新たな従業員代表制に法定基準の解除機能等を担わせることとした場合、従来の過半数代表者を存置する余地はなくなることから、以下では過半数代表者は存続しないとの前提で検討を進める。

＜従業員代表制と労働組合の競合という課題＞

次に、従業員代表制を新たに整備する場合、法定基準の解除機能だけでなく、労働条件設定機能も担わせることも検討の対象となり得る。この場合には、労働組合の権限との競合という課題が顕在化する。

労働組合は、憲法によってその権限や権能を保障された組織として存在しており、集団的労使関係の中で労働条件設定における中核的な役割を果たしている。また、第1章で見たように、日本の労使関係においては、歴史的に企業別組合が主流となり、長期雇用システムの下で労働条件に関するニーズに迅速・柔軟に応えてきた。いくつかの欧州諸国では労働組合は産業別レベルで、従業員代表制は企業・事業所レベルでと、それぞれ存在レベルを異にして棲み分けているが、それにもかかわらず、労働組合と従業員代表制との権限調整に際しては、より強力な交渉力を有する労働組合の労働条件設定権限を尊重する立場からの慎重な対処がなされている。こうした実態や歴史的経緯、海外の状況を踏まえれば、労働組合の大多数が企業レベルに存在する日本において、労働組合が現在有している団体交渉を通じた労働条件設定権限と、従業員代表制に新たに付与する権限の調整は、相当に困難な論点が多数生じ、慎重な検討が必要となると考えられる。

なお、このような労働組合との競合問題を避けるために、労働組合が存在しない場合に限って従業員代表制に労働条件設定機能を与えることも考えられる。もっとも、このような方策によれば労働組合との競合問題が生じないかというと必ずしもそうではなく、労働組合を組織化する、既存の（当該企業外等の）労働組合

に加入する、といったインセンティブが失われないかという懸念にも留意する必要がある。

　他方、法定基準の解除機能については労働条件設定機能とは異なるとして、上述したような競合は問題とならないとする見方もあり得るかもしれない。しかし、例えば、三六協定は労働時間に関する労働条件設定の前提でもあり、両者を区別して競合が生じないとするのは形式的に過ぎよう。実際にも、過半数労働組合にとって、法定基準の解除機能は労使交渉において重要な交渉上の武器ともなっているのが実情である。そうすると、過半数労働組合が存する場合に、法定基準の解除機能を担う従業員代表制を導入する[23]ことは、過半数労働組合の交渉権限を阻害するという問題を引き起こしかねない[24]。

　諸外国の従業員代表制をみると、法定基準の解除権限が与えられているのは基本的に労働組合であるが、これは、争議権という強力な交渉力を持つ労働組合が、法定基準の解除という重大な権限を行使する団体として相応しいとの考慮が働いていると推測される。日本においても、過半数労働組合が存在する場面で、労働組合に比して交渉力において劣る従業員代表制に敢えて法定基準の解除の権限を付与すべきかは、慎重に検討する必要があろう。

＜従業員代表制が機能するための制度的担保＞

　前述のとおり、過半数労働組合が存在する場合について、従業員代表制を導入する選択肢は必ずしも排除されないものの、より

【23】過半数労働組合と新たな従業員代表制とが競合して法定基準の解除機能を持つことがあり得ないとすれば、法定基準の解除機能を持った新従業員代表制の導入は、当該機能を過半数労働組合から従業員代表制へ移行することを意味する。

【24】過半数労働組合が存在すれば、従業員代表にも当該労働組合員が従業員代表に選出される可能性が高いかもしれないが、労働組合員が従業員代表として選出されない可能性もあること、そして、労働組合員がメンバーになったとしても、過半数労働組合自身とは別個の意思決定機関が生ずること等も、慎重に考慮すべきであろう。

優先順位が高いのは、過半数労働組合が存在しない場合に、過半数代表者に代えて従業員代表制を置くことの検討である。このとき、全従業員の利害を代表する従業員代表制について、どういった制度的担保が求められるかが課題となるため、以下の諸点について検討を加える。

まず、従業員代表制は、法定基準の解除等に関する使用者との協議において、十分な交渉力を確保することが重要である。①Ａのシナリオの＜過半数代表者の交渉力を高めるための代表者の複数化＞でも議論したように、従業員代表制における従業員代表（委員）は、一つの事業場で複数名を選出することで、従業員代表間の相談・協力による交渉が可能となり、交渉力も増すこととなろう（交渉力の確保）。

次に、従業員代表制は、労働者の意思ではなくその事業場所属に着目してその事業場の全ての労働者を代表するものであるから、多様化した労働者集団を代表する制度としての正統性を確保するための方策が必要となる。このため、公正に、かつ、多様性を反映した従業員代表の選出を行う必要があり、また、選出された従業員代表にあっては多様な労働者の意見を集約して意思決定を行うといった仕組みを整えるべきである（正統性の確保）。

また、従業員代表制という機関を設置する以上、これは常設の機関となり、その従業員代表は任期制となろう。かかる常設化により、法定基準を解除した後に、解除後の労働条件が遵守されることを担保する等のモニタリングも可能となる。また、従業員代表制が事業場における全従業員の利益の増進という機能を担っていることを踏まえれば、諸外国で行われているように、その費用は使用者が負担すること、また、従業員代表の活動保障や身分保障を確保すること等が検討されてよいであろう（常設化と費用負担による機能確保）。

そして、事業場に過半数労働組合が存在しない場合において、新たに従業員代表制を導入することとした場合、既述のように労

働者の組合組織化インセンティブへの影響が問題となる。この点については、従業員代表制の担う機能が法定基準の解除や苦情処理機能に限られ、かつ、従業員代表制には与えられない争議権などの固有の権限が労働組合に維持されていれば、組合組織化を妨げることになるとは限らないであろう。むしろ、無組合企業における組合組織化が進まない現状を踏まえると、従業員代表制が導入されれば、組織化のディスインセンティブになるというより、組織化の重要な足がかりとなる可能性も十分あり得ることを指摘しておきたい。

＜新たな制度の整備の前にすべきこと＞

　以上のように、新たな従業員代表制を整備し、法定基準の解除機能等を担わせる場合、まず、過半数代表者を存置する余地がなくなることが明らかになった。次に、従業員代表制に労働条件設定機能まで担わせようとすれば、労働組合との権限の調整には相当に困難な問題が生じ、また、過半数労働組合が存在する場合に法定基準の解除機能に限って従業員代表に付与するとしてもなお慎重な検討を要することが確認された。そうすると、従業員代表制を新たに導入する②のシナリオを採るとしても、まずは、事業場に過半数労働組合が存在しない場合に、法定基準の解除機能を果たす従業員代表制を構想する方策についての検討から取り組むべきこととなろう。

　新たな従業員代表制については、交渉力や正統性の担保、適正に機能するための条件、組合組織化インセンティブの阻害といった様々な検討すべき論点があるが、こうした論点は過半数代表者の機能強化を行う際のものと同様のものであることが明らかになった。すなわち、過半数代表者について複数化や常設化などの機能強化を図ることは、従業員代表制の構想にも直結する課題に取り組むこととなる。そうすると、まずは、①Ａのシナリオのように過半数代表制の現行の枠組みを維持しつつ、過半数代表者の

175

機能の強化を図った上で、それが日本の労使関係の中でどのように役割を果たすかを検証しながら、②のシナリオに沿って新たな従業員代表制の整備の必要性を検討するというステップを採るという二段階の方策を構想することも十分に意義があろう。

また、過半数代表者の機能強化を図った後に新たな従業員代表制を導入する際には、日本において既に労使コミュニケーションが活発に行われているという現状を踏まえ、法定基準の解除機能などに加えて、経営の改善・効率化に繋がる活動への展開や、労働者による経営に関する決定過程への能動的な参加といったコミュニケーション機能の強化を図っていく方向性が望ましい。

(4) 引き続き検討すべき課題

前述のとおり、過半数代表者の機能強化と従業員代表制の整備を検討するにあたっては共通の課題を扱うこととなる。このため、まずは過半数代表者に関する検討を継続していくことが肝要であることから、これに関して残された課題について採り上げる。さらに、従業員代表制に関する課題や一般的な課題についても若干触れ、加えて集団的発言チャネルの今後の方向性について示すこととする。

＜過半数代表者の機能強化について残された課題＞

(3)において、過半数代表者を機能させるための方法として、一定規模以上の事業場において過半数代表者を複数化することを提案した。今後、複数化の検討を進める際には、複数化の対象とする事業場の規模について、どのような考え方に基づき、どの程度の規模とすべきか等について検討をしていくことが必要と考えられる。そして、過半数代表者を複数化する場合、現状でも困難な過半数代表者の担い手の確保がより一層難しくなると考えられるが、どのようにして担い手を確保していくかについて、引き続き検討すべきである。

また、過半数代表者が集団的発言チャネルとして適切に機能するためには、労働者の様々な意見を集約し、集団としての意思決定を公正に行った上で、それを使用者に伝え、結果を労働者にフィードバックすることが、民主的な正統性の観点からは重要と考えられる。今後とも集団的発言チャネルを公正かつ実効的な仕組みのものとするための措置について検討していくことが必要である。

＜新たな従業員代表制の整備に関して残された課題＞

　新たな従業員代表制に担わせる機能が、労働条件設定機能であっても、決定基準の解除機能であっても、労働組合が有する権限との調整・競合が最も大きな問題として存在している。これは、従業員代表制の組織構成や付与する役割・権限の範囲など、制度の骨格に関わる様々な論点と関係する問題であるため、新たな従業員代表制について今後検討していくに当たっては、常に念頭に置きながら検討を進めていく必要があると考えられる。

　また、その他の課題としては、従業員代表と使用者との交渉が難航した場合の解決方法についても検討することが必要と考えられる。従業員代表制が法定基準の解除機能のみを担う限りにおいては、当該基準解除を目的とする労使協定を締結しないことにより労働条件設定の最低基準が維持され続けるだけであるため、大きな問題とならない。しかし、従業員代表制に労働条件設定機能を担わせることとし、労働条件に関する一定事項について共同決定権を付与するに至った場合には、使用者が一方的に労働条件を変更することができなくなる。このとき、使用者と従業員代表との間で合意に達しない場合にどのような処理を行うことにより労働条件を決定すべきか、例えばドイツのように合意に代わる仲裁裁定のような仕組みを導入して解決することとするのか、といった課題の検討が必要となろう。

177

＜今回の提案に関する一般的な課題＞

　本章においては、集団的発言チャネルをより機能させるための方法として、過半数代表者の複数化・常設化や新たな従業員代表制の整備等について、いくつかの提案を行った。これらの提案については、制度の法的・社会的な正当性に配慮する一方で、当事者たる労働者や使用者が現行制度に対して何を求めているのかといったニーズの把握を行いつつ、そのニーズを満たす解決策となり得るかといった観点も念頭に置きながら、引き続き検討を重ねていくことが重要である。

　また、過半数代表者の機能を強化したり、新たな従業員代表制を制度化したりしたとしても、労使関係や労使協議が法律の要求する事項を形式的に満たすだけの形骸化したものとなってしまう可能性があることが考えられる。このため、実効的な集団的発言チャネルとしての実質を確保するために、どのようなアプローチを採るべきかについては、慎重に検討する必要があることに留意すべきである。

＜集団的発言チャネルに付与する役割・権限の今後の方向性＞

　現在の我が国の企業においては、正規・非正規労働者、高齢者・若年者、ワーク・ライフ・バランスを重視する者・そうでない者など、様々な利害を有する労働者が存在しているが、近年、特にこれらの労働者間の労働条件の格差が問題視されている。労使協議や団体交渉を通じて安定的な雇用の確保・維持に成果を挙げてきた企業別労働組合も、こうした問題に対して十分な対応ができているとはいいがたく、また、組合組織率の低下により労働組合による集団的労働関係システムの存在しない環境に置かれる労働者への対応が喫緊の課題となっている。

　以上のような状況から、組合員であるか否かにかかわらず、全ての従業員の利害を調整するという集団的労働条件の設定システムの構築が待望されている。今回の検討では、この大きな課題に

取り組むための最初のステップとして、法定基準の解除の担い手
に関する課題とその解決のための方向性を中心に検討を行った。
この過程で、過半数代表者の機能の強化（複数化・常設化）、過
半数労働組合の過半数代表としての機能の強化、新たな従業員代
表制の整備について検討を行ったが、こうした取組により、法定
基準の解除を担う集団的発言チャネルの機能が高まり、モニタリ
ングや苦情・紛争処理等をも担う制度として定着・発展していく
ことも期待される。

　過半数代表者が全従業員のために苦情処理機能を担うようにな
れば、労働組合によって代表されない非正規労働者等の不満や苦
情の受け皿としての役割を果たすことになるであろう。このよう
に、現在指摘されている正規労働者と非正規労働者の処遇格差に
対しては、国レベルでの実体規制により是正することも選択肢の
一つであるが、分権化した労使レベルでの苦情処理機能を活用す
ることにより問題を解決していくという方策も十分考えられる。
こうして非正規労働者も含めた形での集団的発言チャネルが整備
されることにより、正規労働者と非正規労働者の処遇の格差問題
について、現場の労使当事者の納得を踏まえた労働条件設定が行
われるようになることも期待される。

　今回の検討は、こうした集団的労働条件の設定システムの検討
を本格化させるための最初のステップに過ぎない。この最初のス
テップにおける集団的発言チャネルの発展如何によっては、今
後、当該チャネルに対して労働条件設定への直接的な関与等と
いった法定基準の解除以外の機能を担わせることとするのか、そ
れとも、法定基準の解除機能を超えた機能を果たそうとする以上
は労働組合への転換を促す方向を指向するのかなど、特に慎重な

【25】今回は検討の時間が得られなかったが、企業組織再編がめまぐるしく展開する中で
の持株会社やグループ会社における使用者性の問題など、集団的労使関係法制については
今なお多くの課題が提起されている。

検討が必要な課題についても議論が深まっていくと考えられる。

このため、今回提案した取組により我が国の集団的発言チャネルが今後どのように発展していくのかといった点や、それを踏まえた今後の判例法理等も見据えながら、集団的発言チャネルの労働条件設定機能を高めるための方策について引き続き検討していくことが必要である[25]。

小畑 明（おばた あきら）

1957年福島県生まれ。食品製造会社、印刷会社を経て、ヤマト運輸（株）入社。ヤマト運輸労働組合厚木支部委員長、運輸労連神奈川県連書記次長、運輸労連中央執行委員等を歴任し、2011年より運輸労連中央書記長。厚生労働省労働政策審議会分科会委員、社会保険審査会参与、東京地裁労働審判員などを歴任。2017年3月中央労働委員会労働者委員。[主要論文]「雇用システムの変容と労働組合の役割」（創文社、2005年）「運輸産業における偽装雇用の実態」（労働法律旬報、2006年）『『働くことを軸とする安心社会』の実現に向けた一考察」（連合論文、2014年）「就業形態の変容と集団的労使関係」（『これからの集団的労使関係を問う』エイデル研究所、2015年）。

労働者代表制の仕組みとねらい
Q&A　職場を変える切り札はこれだ！

2017年5月25日　初版発行

著　　　者	小畑　明
発　行　人	大塚　智孝
発　行　所	株式会社 エイデル研究所 102 − 0073 東京都千代田区九段北4 − 1 − 9　市ヶ谷MSビル4F TEL.　03（3234）4641　　FAX.　03（3234）4644
装丁・本文デザイン	株式会社 デザインコンビビア
印刷・製本	株式会社 モリモト印刷株式会社

© Obata Akira 2017
Printed in Japan ISBN 978-4-87168-600-6　　C3036
（定価はカバーに表示してあります）